Lernkrimi Französisch

Voyage mortel

Marc Blancher
Dr. Aleth Gaulon
Rosemary Luksch

compact

Weitere Informationen zu Compact Lernkrimis finden Sie am Ende des Buches und unter www.lernkrimi.de.

Baierbrunner Straße 27, 81379 München
Ausgabe 2014
3. Auflage

Chefredaktion: Dr. Matthias Feldbaum
Redaktion: Marie Frey
Fachkorrektur: Valérie Deinert
Produktion: Frank Speicher
Titelillustration: Karl Knospe
Lernkrimi-Logo: Carsten Abelbeck
Gestaltung: EKH-Werbeagentur GbR, textum GmbH
Umschlaggestaltung: EKH-Werbeagentur GbR, Hartmut Baier

ISBN 978-3-8174-8545-1
381748545/3

www.compactverlag.de, www.lernkrimi.de

Vorwort

Liebe Leserin, lieber Leser,

sicher zum Lernerfolg – mit Spaß und Spannung! Die Compact Lernkrimis mit ihrer Kombination aus Lektüre und didaktischem Übungsanteil eignen sich hervorragend, um breite Sprachkompetenzen in der Fremdsprache zu erwerben. Der Lerner wird dabei durch die spannende Handlung, das angemessene Sprachniveau und den stetig ansteigenden Schwierigkeitsgrad der Übungen gefördert und motiviert.
Entwickelt nach neuesten Erkenntnissen der Fremdsprachendidaktik, sind Compact Lernkrimis das ideale Medium für einen Lernerfolg im Selbststudium. Durch die kleinen Texteinheiten und den hohen Übungsanteil sind sie aber auch als Unterrichtslektüre bestens geeignet.

So lernen Sie mit Compact Lernkrimis:

- **Mit Begeisterung lernen:** Die packende Krimihandlung motiviert Sie beim Lesen des französischen Originaltextes.
- **Wissen intensivieren und erweitern:** Durch die Kombination aus didaktisierter Lektüre und textbezogenen Übungen testen und trainieren Sie Ihre Sprachkenntnisse effektiv. Vokabelangaben auf jeder Seite unterstützen Sie beim Lesen.
- **Systematisch lernen:** Knüpfen Sie an Ihr individuelles Sprachniveau an und setzen Sie eigene Lernziele – linear im Schwierigkeitsgrad ansteigend oder mit punktuellen Schwerpunkten von Grundwortschatz bis Hörverstehen.
- **Unabhängig sein:** Lernen Sie ganz individuell – wo und wann Sie wollen.

Viel Spaß beim **spannend Französisch lernen**
wünscht Ihnen

Prof. Dr. Christiane Neveling
Didaktik der romanischen Sprachen, Universität Leipzig

Inhalt

Voyage mortel

Marc Blancher

1 En route pour le marché !

« Miaou ! »

C'est le chat Isidore. Il est couché sur la fenêtre. Il dit au revoir à sa maîtresse. Comme tous les samedis matins, Marie-Anne Lombard met son manteau et prend son cabas. Il est bientôt sept heures. Elle doit se dépêcher. L'autocar va bientôt arriver. Chaque samedi, la vieille dame va faire ses courses à Vichy. Mais elle n'a pas son permis de conduire. Alors elle doit prendre l'autocar. Marie-Anne Lombard a soixante-quinze ans. Sa profession est libraire mais elle est à la retraite.

« Au revoir, Isidore ! »

La vieille dame caresse son chat. Puis elle referme la porte de la maison derrière elle. Nous sommes au printemps et il fait déjà jour. Elle doit maintenant marcher dix minutes pour aller à l'arrêt de bus. Marie-Anne Lombard habite à Saint-Christophe, c'est un petit village à environ quinze kilomètres de Vichy. La vieille dame est veuve : son mari, Léon Lombard, est mort l'année dernière. Marie-Anne et Léon ont une fille qui est mariée. Ils ont également deux petits-enfants, David et Samantha. Depuis sa retraite, elle habite une jolie petite maison à la sortie du bourg du village. Elle adore s'occuper de ses fleurs et de son gros chat, Isidore. Ce sont David et Samantha qui ont choisi le nom du chat.

autocar *m*	Reisebus
environ	ungefähr
bourg *m*	Marktflecken

« Bonjour, Marie-Anne ! Attends-moi ! »
C'est son amie Éléonore qui vient de la rejoindre. Elle habite juste à côté de chez elle. Comme Marie-Anne, Éléonore a soixante-quinze ans et elle est elle aussi à la retraite. Les deux vieilles dames sont amies depuis très longtemps et elles ont l'habitude d'aller faire leurs courses ensemble à Vichy.
« Bonjour Éléonore, comment vas-tu ce matin ?
– Comment ? Prendre le train ? Mais non, voyons ! Nous allons prendre l'autocar, comme d'habitude ! »
Il faut dire qu'Éléonore est presque sourde. Elle comprend donc très mal ce qu'on lui dit. Mais la vieille dame est très fière : donc, quand quelqu'un lui dit qu'elle est sourde, elle dit que ce n'est pas vrai. Elle préfère croire par exemple que Marie-Anne perd la tête.
« Est-ce que tu as pensé à ton porte-monnaie ? »
Marie-Anne lui répond « oui » de la tête.

venir de faire qc	etw. gerade getan haben
sourd	taub
fier	*hier:* selbstbewusst

« Tant mieux, tant mieux ! Ce matin, il faut que j'aille chez le boucher : est-ce que tu viens avec moi ?
– Oui, bien sûr, mais ensuite, il faudra que j'aille chez le cordonnier pour faire réparer mes chaussures.
– Mais non, mais non, sa viande n'est pas dure ! »
Marie-Anne sourit. Comme d'habitude, Éléonore n'a rien compris.
Enfin, elles arrivent à l'arrêt de bus. Deux minutes plus tard, l'autocar arrive. C'est Georges Mavel qui conduit. Les deux vieilles dames le connaissent bien : voilà maintenant plus de dix ans qu'il travaille sur cette ligne. Il vient d'Arfeuilles, un autre petit village des environs. C'est Marie-Anne qui monte la première.

Exercice 1 : Les nombres. **Schreiben Sie die folgenden Zahlen in Ziffern!**

1. quinze ____________________
2. soixante-cinq ____________________
3. quatorze ____________________
4. quatre-vingt-quatorze ____________________
5. neuf ____________________
6. cent neuf ____________________

« Bonjour, Madame Lombard ! Comme d'habitude ? Un ticket pour Vichy ? »

Le chauffeur est un gros monsieur avec une grande moustache et une casquette. Ses cheveux sont gris. Il est toujours de bonne humeur et il parle très fort.

« Oui, merci ! répond Marie-Anne.

– Cela fera quatre euros et soixante-dix centimes, s'il vous plaît.

– Voilà… »

Puis c'est au tour d'Éléonore Laveau.

« Pour vous aussi, Madame Laveau ?

– Mon dos va mieux, je vous remercie. Je vais aussi à Vichy.

– Comme d'habitude !

– Oui, c'est vrai, l'hiver a été rude, cette année. »

moustache *f*	Schnurrbart
casquette *f*	Schirmmütze
rude	*hier:* hart

Georges Mavel fait un sourire complice à Marie-Anne Lombard. Quelques minutes plus tard, les deux vieilles [i] dames s'installent dans l'autocar.

> **Vieille** ist die weibliche Form des Adjektivs **vieux.** Steht es vor einem männlichen Substantiv, das mit einem Vokal oder *h muet* beginnt, lautet seine Form **vieil:**
>
> Un vieil homme.

Elles sont assises l'une à côté de l'autre, Marie-Anne du côté de la fenêtre et Éléonore du côté du couloir. Il n'y a presque personne dans l'autocar : seulement Marcel Bardon. Il habite également à Saint-Christophe et c'est un alcoolique notoire. Éléonore dit que c'est un problème de jeunesse : Marcel Bardon a en effet seulement quarante-cinq ans. Marie-Anne rit beaucoup en écoutant les commentaires de son amie.

« Bonjour, Gérard ! »

Éléonore a dit bonjour à un autre homme qu'elle connaît : il s'agit de Gérard Danger. Il est très connu car c'est le capitaine de l'équipe de football du village. Sinon, il travaille comme vendeur dans un grand magasin d'électroménager.

« Tu n'as pas pris ta voiture ? » lui demande alors Marie-Anne, surprise.

Gérard Danger a l'air ennuyé. Il fait la grimace puis se force à sourire :

complice	*hier:* verständnisvoll
couloir *m*	Gang
notoire	notorisch
électroménager *m*	Elektrogerät, Haushaltsgerät
garage *m*	*hier:* Kfz-Werkstatt
tôle *f* froissée	Blechschaden

« Non, j'ai eu un accident hier. Et ma voiture est encore au garage.

– Rien de grave, j'espère ?

– Non ! Non ! Juste de la tôle froissée... »

Exercice 2 : Prépositions. Lesen Sie weiter und ergänzen Sie den Text mit der jeweils passenden Präposition!

d' de à à

Le prochain arrêt est au bourg de La Bruyère : La Bruyère, c'est un **hameau** 1. ______ la sortie de Saint-Christophe. Il compte beaucoup 2. ______ habitants. D'ailleurs, pas moins de quatre personnes montent dans l'autocar 3. ______ cet arrêt : Sébastien Xavos, qui a à peine plus 4. ______ vingt ans, une jeune femme très élégante, habillée en tailleur, une vieille dame et enfin Guy Duregard.

Guy Duregard est lui aussi connu dans tout le village et même dans toute la région : c'est lui qui **possède** la grande galerie d'art de Vichy. Il veut s'installer au fond de l'autocar, là où se trouvent déjà les deux autres hommes, mais Éléonore le reconnaît et commence à lui parler :

hameau *m*	Weiler
posséder	besitzen
murmurer	murmeln, flüstern

« Bonjour, Monsieur Duregard ! J'aime beaucoup ce que vous faites ! »

Marie-Anne sourit et **murmure** à son amie :

« Éléonore, Monsieur Duregard n'est pas peintre, il est galeriste. »

Poli, le galeriste revient vers l'avant de l'autocar. Il s'assied près d'Éléonore, de l'autre côté de l'allée. La jeune femme élégante s'est installée quelques sièges devant lui. Marie-Anne a l'impression qu'elle est très nerveuse : en effet, elle se retourne souvent pour regarder Guy Duregard. Quant à Sébastien Xavos, il est tout au fond de l'autocar, un siège derrière Marcel Bardon, et il écoute de la musique. La vieille dame, elle, est assise juste derrière Marcel. Gérard Danger est de l'autre côté, lui aussi au fond, et apparemment, il dort.
Pendant le voyage, Guy Duregard discute beaucoup avec Éléonore, même si la vieille dame ne comprend pas grand-chose. Souvent, c'est Marie-Anne qui doit traduire.

poli	höflich
siège *m*	Sitz
quant à…	was … betrifft
tout au fond *m*	ganz hinten
conseiller	beraten
roman *m* policier	Kriminal-roman
raide	steil

« Vous savez que je peins, moi aussi ?
– Vraiment ? Je ne savais pas. Je suis très étonné.
– Ah, non ! Pas du Monet ! J'essaie d'être originale ! »
À l'arrêt Viermeux, juste avant Cusset, c'est une femme d'environ cinquante ans qui monte à son tour. Elle n'a pas du tout l'air heureuse. Marie-Anne a l'habitude de toujours observer tout le monde autour d'elle. C'est une habitude de la librairie : dans une librairie, on apprend à observer les clients. Ainsi, on sait ce que les clients recherchent et on peut les conseiller. Marie-Anne adore observer les gens et remarquer les petits détails que les autres ne voient pas. Elle a appris cela en lisant les romans policiers qu'elle vendait dans sa librairie. Elle aime tout particulièrement Agatha Christie et Fred Vargas.
Il est environ sept heures trente lorsque l'autocar s'arrête à l'entrée du bourg de Cusset, devant le supermarché. La vieille dame veut descendre mais l'escalier est très raide. Aussitôt, Guy Duregard se lève pour l'aider.

« Je vais vous aider à descendre, Madame. Dois-je prendre votre sac à main ? … Oh, pardon ! »
Le galeriste a fait tomber le sac de la vieille dame sous le siège. Aussitôt, il s'accroupit pour le ramasser. Les autres passagers ne bougent pas. Personne ne semble avoir envie d'aider la vieille dame. Enfin, Guy Duregard retrouve le sac et il peut aider la vieille dame à descendre.
Peu après, on voit la vieille dame entrer dans le supermarché. Mais Guy Duregard n'est toujours pas là.
« Mais enfin, où est-il donc passé ? Il va me mettre en retard et j'ai des horaires à respecter, moi ! » grogne Georges Mavel.
Au bout de deux minutes, le chauffeur perd patience. Il appuie sur le klaxon. Guy Duregard remonte enfin dans l'autocar et il reprend sa place à côté d'Éléonore.
« Je vous prie de m'excuser, lance-t-il, quelqu'un m'a demandé sa route ! »
Et le galeriste montre une voiture rouge qui part rapidement en direction du centre-ville.
« Ah, ces touristes ! ironise Guy Duregard.
– Mais non, mais non, lui dit alors Éléonore, ne soyez pas triste : c'est ainsi de nos jours, les gens serviables n'existent plus ! »

klaxon *m*	Hupe
file *f*	Fahrspur
terminus *m*	Endstation

Marie-Anne Lombard et Guy Duregard sourient. Quelques instants plus tard, au feu, la voiture rouge est juste à côté du bus, dans la file qui tourne à droite. Marie-Anne l'observe avec attention. C'est une femme qui est au volant. Le prochain arrêt, c'est le lycée : mais personne ne descend puisque ce sont les vacances scolaires. Il n'y a pas cours et donc pas d'élèves. Il est à peine sept heures cinquante lorsque l'autocar arrive à son terminus, la gare routière de Vichy.

« Et voilà, mesdames et messieurs, nous sommes arrivés : la gare de Vichy est notre terminus, je vous remercie de bien vouloir tous descendre ! »

grommeler	brummeln
saoul	betrunken
secouer	schütteln
carrément	klar
sang *m*	Blut
hurler	brüllen

Tandis que tout le monde se presse en direction de la porte arrière, Georges Mavel s'est levé pour inspecter son autocar. Il veut vérifier que personne n'a rien oublié.

Marcel Bardon est toujours assis. On dirait qu'il dort.

« Ah, grommelle le chauffeur, il doit être encore saoul, celui-là. Eh, Marcel ! Nous sommes arrivés, il faut que tu… »

Georges Mavel a voulu secouer Marcel Bardon. Mais ce dernier ne bouge pas : au contraire, il tombe carrément sur le siège. Il y a du sang partout.

« Sainte-Marie, mère de Dieu ! hurle alors le chauffeur. Que quelqu'un appelle la police ! Vite ! »

Exercice 3 : Devinette. Finden Sie die passenden Begriffe und enträtseln Sie das Lösungswort!

1. Là où on s'assoit : ☐ _ _ _ _
2. Ce qu'est Éléonore pour Marie-Anne : ☐ _ _ _
3. Première partie de la négation : ☐ _
4. Prénom du chauffeur : ☐ _ _ _ _ _ _

Lösung: ☐☐☐☐

2 La mort de Marcel Bardon

« Doucement ! Doucement ! »

La voiture de police roule très vite. Trop vite. C'est le brigadier-chef Vasseur qui conduit. Le lieutenant David Lombard est assis à côté de lui.

« Jean-Louis, ralentis, s'il te plaît. »

Exercice 4 : Présent. Lesen Sie weiter und setzen Sie die Verben ins Präsens!

Le visage de David Lombard **1.** être ____________ tout blanc : on dirait qu'il **2.** aller ____________ être malade. Mais le brigadier-chef Vasseur est pressé : un crime à Vichy, cela n' **3.** arriver ____________ pas tous les jours ! Ils sont partis du numéro trente-cinq de la rue Victoria. C'est là que **4.** se trouver ____________ le commissariat de police vichyssois. David Lombard est un jeune officier de police. Il a vingt-cinq ans et il est sorti de l'école des lieutenants de police il y a deux ans. Le commissariat de Vichy est son premier poste.

Bientôt, leur voiture arrive sur le parking de la gare routière, au cœur de la ville, à deux pas de la gare ferroviaire. David Lombard descend pendant que le chef Vasseur range la voiture dans une allée. Ils sont venus avec une voiture banalisée. Sur place, il y a déjà beaucoup de policiers en uniforme.

« Bonjour, mon lieutenant !

– Bonjour. Que s'est-il passé ?

– Un des passagers a été poignardé, un certain Marcel Bardon, d'après sa carte d'identité.

– Marcel Bardon ?

– Vous le connaissez ?

– Pas personnellement mais je sais qui il est. Sait-on ce qui s'est passé ?

– Les passagers sont au nombre de sept, plus le chauffeur.

– Où sont-ils ?

– Nous les avons regroupés à l'avant du bus. »

À ces mots, David Lombard monte dans le bus. En effet, à l'avant, ce sont tous les passagers de la ligne Arfeuilles-Vichy qui sont installés. C'est alors qu'il reconnait sa…

« Mamie ? Mais qu'est-ce que tu fais là ?

– Je vais faire mon marché, comme tous les samedis matins. »

Marie-Anne Lombard se lève et le grand lieutenant embrasse la vieille dame sur les deux joues. Le policier en uniforme et le chef Vasseur sont très surpris : le responsable de l'enquête fait la bise à une des suspectes !

« Vous connaissez cette dame, lieutenant ?

– Messieurs, je vous présente Marie-Anne Lombard, ma grand-mère maternelle.

– Madame grand-mère du lieutenant… » dit alors respectueusement le chef Vasseur.

ralentir	langsamer fahren
vichyssois	aus Vichy
poste *m*	*hier:* Stelle
ferroviaire	Bahn-, Zug-
voiture *f* banalisée	Zivilstreifenwagen
poignarder	erdolchen
suspecte *f*	Verdächtige

David Lombard fait un grand sourire : le comportement de son adjoint l'amuse beaucoup. Marie-Anne Lombard sait que son petit-fils habite encore chez ses parents.

« Comment va ton père ? lui demande-t-elle.

adjoint *m*	Rechte Hand, Stellvertreter
taper	klopfen, tippen
malicieux	schelmisch
tendre la main à qn	jmd. die Hand geben

– Papa va bien, merci. Tu ne me demandes pas des nouvelles de maman ?

– Ton père ne vient pas me voir souvent, en ce moment. Je pense que c'est à cause d'elle.

– Mamie ! Tu ne vas pas recommencer, hein ? Tu sais bien que papa et maman ont beaucoup de travail à la boutique !

– Oui, oui… »

Marie-Anne Lombard se tourne sur le côté pour taper sur l'épaule d'une autre vieille dame qui n'est autre qu'Éléonore Laveau, son amie de toujours, membre comme elle du club des anciens. La vieille dame fait un grand sourire quand elle voit le jeune homme.

« Qui est ce jeune homme en costume ? »

Il est vrai que le lieutenant Lombard porte toujours un beau costume noir et une cravate. Apparemment, Éléonore Laveau ne le reconnaît pas. Elle l'observe avec ses petits yeux malicieux. David Lombard lui tend la main.

« Bonjour Madame Laveau, je suis content de vous revoir malgré les circonstances.

– Comment ? Vous voulez que je danse ? »

Éléonore Laveau se retourne vers son amie et lui crie :

« Pourquoi ce jeune homme veut-il danser avec moi ? »

Sans répondre, Marie-Anne Lombard sourit largement avant de se retourner vers son petit-fils. Celui-ci explique la situation à Éléonore Laveau en parlant le plus fort possible.

« Je suis ici pour **enquêter** sur le meurtre de Marcel Bardon, Madame Laveau. Je suis lieutenant de police.
– La police ? … »
David Lombard est content : il semble que la vieille dame a compris ce qu'il a dit.
« … Bien sûr que nous avons appelé la police, jeune homme !
– Éléonore, tu ne reconnais pas David, mon petit-fils ? »
Après quelques minutes d'explications, la situation est claire pour tout le monde. David Lombard peut aller au fond de l'autocar pour examiner le corps. Marcel Bardon est assis sur son siège : il a l'air tout à fait normal. Deux agents de la PTS, la Police Technique et Scientifique, **vêtus** de blanc, l'examinent. Le lieutenant attend un petit moment. Lorsqu'ils ont terminé, il leur demande :
« Alors ? Qu'avez-vous **constaté** ? »
C'est le premier des deux agents qui lui répond. Le second commence à prendre des photos.
« La victime a été poignardée sur le côté, une seule fois au niveau du cœur. Le coup a été mortel.
– Poignardée ? s'étonne David Lombard. Mais poignardée avec quoi ?
– L'autocar et tous les passagers ont déjà été **fouillés**, dit alors le chef Vasseur, mais aucune **trace** d'arme.

enquêter	ermitteln
être vêtu	angezogen sein
constater	feststellen
fouiller	durchsuchen
trace *f*	Spur

– D'après la forme de la blessure, je dirais qu'il a été poignardé avec un petit couteau de cuisine. »
Marie-Anne Lombard s'approche et elle observe maintenant de façon détaillée le corps de la victime.
« Mais que faites-vous ici, Madame ? »
Le chef Vasseur n'est pas content du tout.

« Vous êtes de la police, maintenant ?
– Non, jeune homme, mais je suis de la famille de la police. »
Le chef Vasseur, qui a presque cinquante ans, et qui porte une grande moustache, n'a pas l'habitude qu'on l'appelle « jeune homme ». Il est très surpris.
« Jean-Louis, gronde alors David Lombard, sois gentil avec ma grand-mère, s'il te plaît.
– Bon, bon, grommelle-t-il, mais elle fait quand même partie des suspects, ta grand-mère.
– Qu'en penses-tu, mamie ? »
David Lombard sait que sa grand-mère est quelqu'un de très logique. Elle a également un grand sens de l'observation et du détail. Surpris, les deux agents de la PTS lui laissent la place.
« Son visage n'a aucune expression de peur. Je pense donc qu'il a été surpris par son agresseur.
– Et personne n'a rien remarqué ! s'exclame le chef Vasseur. Mais comment est-ce possible ?
– Nos places étaient très loin les unes des autres, explique Marie-Anne Lombard. Je ne sais pas exactement ce que Marcel a fait pendant le voyage. »

Exercice 5 : Supprimez l'intrus. Welches Wort ist das „schwarze Schaf"? Unterstreichen Sie!

1. mamie mémé maman grand-mère
2. chef lieutenant brigadier vendeur
3. voyage autocar voiture moto
4. passager alcoolique chauffeur voyageur

C'est alors qu'arrive Éléonore Laveau. La vieille dame sourit et rejoint son amie.
« Alors, Marie-Anne, on mène l'enquête ?
– Comment ça, vous menez l'enquête ? » sursaute le chef Vasseur.
Les deux vieilles dames sourient. C'est à cet instant précis que les deux policiers se demandent si Éléonore Laveau est vraiment sourde ou bien si elle joue la comédie.
« Comment procède-t-on ? » demande alors le chef Vasseur à David Lombard.
Ce dernier ne répond rien. Il est plongé dans ses pensées. Et, en réalité, il ne sait pas vraiment comment faire : c'est sa toute première affaire de meurtre. C'est alors que sa grand-mère intervient :
« Il faut emmener tous les passagers au commissariat pour les interroger, dit-elle. Et l'autocar…
– Les autocars ne répondent pas aux questions qu'on peut leur poser ! s'exclame le chef Vasseur, railleur.
– Vous croyez ? » fait Marie-Anne Lombard.
La vieille dame le regarde d'un air malicieux avant d'ajouter :
« Moi, je crois au contraire que c'est lui qui va nous dire la vérité, toute la vérité. »
Environ une heure plus tard, l'autocar de la ligne Arfeuilles-Vichy, conduit par Georges Mavel, prend le chemin du commissariat de police, avenue Victoria. Les passagers sont assis à l'intérieur, chacun à côté d'un agent de police. Ils n'ont pas le droit de se parler. À l'avant, le chef Vasseur voyage aux côtés d'Éléonore Laveau et le lieutenant Lombard à côté de sa grand-mère. L'officier de police est très nerveux : il doit absolu-

gronder	*hier:* schimpfen
plongé	*hier:* vertieft
intervenir	eingreifen
interroger	befragen
railleur	spöttisch
vérité *f*	Wahrheit

ment réussir à résoudre sa première enquête. En effet, il aimerait beaucoup devenir capitaine avant d'avoir trente ans. Sa grand-mère, elle, pense à autre chose : elle revoit dans sa tête tous les détails du voyage. Pour trouver qui est le coupable, elle doit savoir qui est monté à quel arrêt et qui s'est assis à côté de qui pendant le voyage. Et elle a déjà une petite idée : elle sait comment elle va s'y prendre.

réussir	gelingen, schaffen
résoudre	lösen
coupable *m*	Schuldiger

Exercice 6 : Mots cachés. Finden Sie fünf Begriffe im Gitternetz, die mit der Busfahrt zu tun haben!

C	H	A	U	F	F	E	U	R	A
O	T	U	U	F	M	N	E	W	F
S	Z	T	R	A	J	E	T	A	O
C	P	O	M	H	U	P	U	J	L
R	U	C	A	D	K	O	S	P	D
J	P	A	S	S	A	G	E	R	S
K	A	R	R	E	T	A	I	F	I
K	A	D	L	F	Y	H	O	D	E
S	S	Z	A	I	G	D	E	U	G
I	W	D	S	X	M	H	L	P	E

3 Au commissariat

Quelques minutes plus tard, l'autocar entre dans la cour du commissariat de police. Nous sommes au numéro trente-cinq de l'avenue Victoria. C'est au centre de la ville. Vichy est une ville thermale depuis l'époque romaine. Elle est très célèbre pour son eau minérale et pour ses sources. C'était la ville préférée de l'empereur Napoléon III. Elle compte également beaucoup d'hôtels. Chaque été, des touristes de tous les pays viennent la visiter. Certains viennent aussi y faire une cure.

Le commissariat de police est au fond d'une grande cour entourée d'une grille. Il ressemble à un petit château. Aujourd'hui, beaucoup de policiers en sortent : c'est la première fois qu'ils voient entrer un autocar dans la cour de leur commissariat !

source *f*	Quelle
cure *f*	Kur
entouré	umgeben
grille *f*	*hier:* Gitter

« Qu'est-ce qui se passe ? » demande un policier à voix haute.

À cet instant, le lieutenant Lombard descend de l'autocar. Peu après, c'est au tour du chef Vasseur.

« Vous êtes en panne de voiture ? »

Les autres policiers se mettent tous à rire.

« Il y a cinq suspects dans cet autocar, dit alors David Lombard.

– Excuse-moi, mais il y en a huit.

– Huit ? Comment ça, huit ? »

Le chef Vasseur est très fier. Il s'exclame :
« Tu as oublié le chauffeur et les deux vieilles dames !
– Le chauffeur ? Comment a-t-il donc fait pour poignarder la victime en conduisant ? »
À ces mots, le chef Vasseur est très embarrassé.
« Oui, dit-il, mais il reste encore les deux vieilles dames.
– Ne me dis pas que tu soupçonnes ma grand-mère ? dit David Lombard.
– Non, bien sûr, mais alors il reste encore… »
C'est alors qu'Éléonore Laveau descend de l'autocar.
« Oh, s'exclame-t-elle, quel joli bâtiment pour un café ! »
Elle se retourne vers sa meilleure amie.
« Mais ne crois-tu pas qu'il est un petit peu tôt pour prendre un café ? »
David Lombard ne peut s'empêcher de sourire.
« Alors ? demande-t-il à son adjoint. Tu crois toujours qu'elle fait partie des suspects ?
– Elle n'est quand même pas très bien dans sa tête, insiste le chef Vasseur.
– Elle est simplement très âgée et… »

établissement *m* de grand standing	Restaurant/Hotel für höchste Ansprüche
pousser un soupir	seufzen

David Lombard n'a pas le temps de terminer sa phrase : en effet, Éléonore Laveau marche maintenant devant le groupe des policiers. Elle examine chacun d'entre eux avec la plus grande attention.
« En tout cas, dit-elle, ce doit être un établissement de grand standing car le personnel est extrêmement propre »
David Lombard pousse un long soupir.
« D'accord, dit-il. Jean-Louis, tu fais entrer tout le monde dans le commissariat. Nous allons commencer par interroger le chauffeur et les deux vieilles dames.

– Ensemble ? s'étonne son adjoint.
– Oui, lui répond David Lombard, puisqu'aucun d'entre eux n'est suspect ! »

agitation *f*	Unruhe
poivre et sel	*hier:* grau meliert

À l'intérieur du commissariat de police, il y a vraiment beaucoup d'agitation. Des policiers discutent entre eux. À l'accueil, plusieurs personnes viennent pour signaler des vols et porter plainte. Le chef Vasseur fait entrer le chauffeur, Georges Mavel, ainsi que les deux vieilles dames. Marie-Anne Lombard est la dernière : elle marche doucement et regarde tout autour d'elle. Elle adore observer les détails de ce qui se passe.
C'est alors qu'une voix gronde :
« Quelqu'un peut-il m'expliquer pourquoi un autocar est garé dans la cour de mon commissariat ? »
Un homme en costume et cravate vient de descendre les escaliers. Il est très grand. Il a les cheveux poivre et sel et porte des lunettes. Il est particulièrement élégant.

Exercice 7 : Ordre chronologique. Lesen Sie weiter und bringen Sie die Sätze in die richtige Reihenfolge!

a) - Un meurtre, commissaire. »

b) - C'est l'autocar Arfeuilles-Vichy, commissaire.

c) « Vasseur, pouvez-vous me dire ce qui se passe ? demande-t-il.

d) - Et alors ?

1	2	3	4

C'est David Lombard qui vient de parler. Le mot « meurtre[i] » semble tout à coup préoccuper le chef de la police vichyssoise. Il prend un air encore plus sérieux que d'habitude :

> Das Wort **meurtre** bedeutet „Mord", nicht „Mörder", auch wenn es ähnlich klingt. Das französische Wort für „Mörder" lautet **meurtrier.**

« Très bien, lieutenant Lombard, alors je compte sur vous pour éclaircir cette affaire. »

Éléonore Laveau s'approche alors du commissaire. La vieille dame est toute petite et elle doit lever la tête pour le regarder.

« Qui est donc ce charmant jeune homme ? » demande-t-elle à voix haute.

Le commissaire, qui a environ soixante ans, se met à sourire.

« Et qui est cette charmante dame ? » demande-t-il.

Très fier, le chef Vasseur s'approche alors et explique :

« Madame Éléonore Laveau, une des suspectes du crime de l'autocar.

– Suspecte ? s'exclame alors le commissaire. Allons, Vasseur, je vous en prie ! Offrez-lui donc un café et installez-la dans mon bureau avec son amie.

préoccuper	beschäftigen
éclaircir	aufklären
lisser	glattstreichen, glätten
trajet *m*	Strecke
être adossé	mit dem Rücken an der Wand lehnen

– Merci, Monsieur le Commissaire, lui répond poliment Marie-Anne Lombard.

– Et est-ce que je pourrais avoir des biscuits avec mon café ? demande Éléonore Laveau.

– Mais bien entendu, Madame. Vasseur, installez ces personnes en haut et occupez-vous du café et des biscuits.

– Le café et les biscuits ? Euh… Oui… Bien sûr, commissaire. »

Exercice 8 : Combinez. Welche der folgenden Begriffe gehören zusammen? Ordnen Sie zu!

1. ☐ Personne qui dirige un commissariat
2. ☐ Entrée du commissariat
3. ☐ Personne qui a peut-être commis un crime
4. ☐ Officier de police

a) lieutenant
b) suspect
c) commissaire
d) accueil

Une demi-heure plus tard, dans le bureau du commissaire, David Lombard interroge Georges Mavel, le chauffeur de l'autocar. Georges Mavel a l'habitude de toujours lisser sa moustache quand il parle.
« Monsieur Mavel, lui demande le jeune lieutenant, pouvez-vous me dire comment s'est passé le trajet de ce matin ? »
C'est alors qu'on frappe. La porte s'ouvre et le chef Vasseur entre avec un plateau : sur le plateau, il y a du café et des biscuits.
« Excusez-moi. » murmure-t-il.
Il fait le service : il commence par Éléonore Laveau puis sert ensuite Marie-Anne Lombard. Et enfin Georges Mavel.
« Avec les compliments du commissaire. » dit-il.
Il repose le plateau sans servir David Lombard. Ce dernier n'est pas content du tout.
« Merci, Jean-Louis. »
Ses remerciements sont ironiques. Le chef Vasseur reste dans le bureau, adossé à un mur.
« Alors, reprend David Lombard, nous vous écoutons, Monsieur Mavel.

– Eh bien, je suis parti d'Arfeuilles à six heures quinze, comme d'habitude. Sur la première partie du trajet, entre Arfeuilles et Saint-Christophe, il n'y avait personne. Normalement, il y a des élèves mais, en ce moment, ce sont les vacances scolaires. Au bourg, Gérard Danger et Marcel Bardon sont montés.

foule *f*	Menschenmenge
confiance *f*	Vertrauen
interrogatoire *m*	Vernehmung

– Marcel Bardon, c'est la victime, précise alors le chef Vasseur.
– Puis, entre le bourg de Saint-Christophe et le bourg de La Bruyère, votre grand-mère est montée avec madame Laveau.
– Hum ! Ces petits biscuits sont excellents et ce café est vraiment bon ! »
Marie-Anne Lombard sourit et pousse ses biscuits vers son amie.
« Merci, Marie-Anne ! »
Pendant ce temps, Georges Mavel raconte toujours son histoire :
« Au bourg de La Bruyère, Sébastien Xavos et la dame en tailleur sont montés, ainsi que Guy Duregard et une vieille dame. Et enfin, il y a eu cette femme, à Viermeux, avant Cusset. »
Le jeune lieutenant prend des notes.
« Si je fais le compte, cela fait dix personnes au total, moins la victime, nous sommes à neuf. Il nous manque donc quelqu'un, ici.
– Oui, répond Georges Mavel, la vieille dame qui est montée au bourg de La Bruyère. Elle est descendue à l'entrée de Cusset. Chaque samedi, elle va faire ses courses à la supérette puis sur le marché.
– Et vous la connaissez ?
– Je crois qu'elle s'appelle Jeannette Perrin. Elle doit encore être au marché : elle rentre toujours en autocar à midi et demie.
– Très bien. Jean-Louis, tu vas la chercher, s'il te plaît.
– Au marché ?

– Mais oui, bien sûr, au marché.
– Mais il y a foule, le samedi matin, au marché de Cusset. Comment est-ce que je vais faire, moi ?
– Je te fais confiance.
– Et toi ? Que vas-tu faire ? »
C'est Marie-Anne Lombard qui lui répond :
« Nous, nous allons commencer les interrogatoires des suspects. »
Comme toujours, le jeune lieutenant n'ose pas contredire sa grand-mère : c'est donc ensemble qu'ils vont mener l'enquête.

Exercice 9 : L'infinitif. **Markieren Sie die richtige Antwort!**

1. L'infinitif de « répond » est :
   a) ❐ réponder
   b) ❐ répondre
2. L'infinitif de « montée » est :
   a) ❐ montre
   b) ❐ monter
3. L'infinitif de « sourit » est :
   a) ❐ sourire
   b) ❐ sourir
4. L'infinitif de « descendue » est :
   a) ❐ descendre
   b) ❐ descender

4 Mensonges en série

Ainsi, pendant que le chef Vasseur part pour Cusset à la recherche de Jeannette Perrin, le jeune lieutenant Lombard et sa grand-mère interrogent les suspects. Ils commencent par Gérard Danger. Gérard Danger a presque quarante ans. Il est très célèbre dans son village et dans les environs : en effet, il est le capitaine de l'équipe de football. Il joue très bien. Il a même fait deux saisons comme professionnel quand il avait vingt ans. C'est un grand homme très athlétique et légèrement chauve.

« Monsieur Danger, commence David Lombard, vous êtes bien monté dans l'autocar Arfeuilles-Vichy ce matin ?

– Oui, je l'ai pris vers sept heures sur la place du village.

– Vous étiez seul ?

– Marcel Bardon est arrivé juste avant que l'autocar ne parte.

– Vous avez remarqué quelque chose de particulier ?

– Oui, il avait l'air assez joyeux et agité.

– Il était ivre ? »

chauve	kahl
être agité	beunruhigt sein
ivre	betrunken
tousser	husten
se redresser	sich wieder aufrichten

À ces mots, Gérard Danger semble gêné. Il tousse et se redresse sur sa chaise.

« Ivre ? Marcel ? Non, je ne crois pas.

– C'est pourtant un alcoolique notoire.

– Je sais, mais je vous assure qu'il n'était pas saoul !
– As-tu remarqué autre chose ? » lui demande alors Marie-Anne Lombard.
Surpris, Gérard Danger ne répond tout d'abord pas : il ne comprend pas ce que la vieille dame fait là. Il sait qui est Marie-Anne Lombard et il sait également qu'elle ne fait pas partie de la police.
« Vous pouvez répondre, lui ordonne alors le jeune lieutenant.
– Je ne me rappelle rien de particulier… Ah si, il est monté avec sa canne.
– Sa canne ? Quelle canne ? demande alors Marie-Anne Lombard. Je ne savais pas que Marcel Bardon boitait. Où est-elle, cette canne ?

canne *f*	Spazierstock
boiter	hinken
cassé	*hier:* kaputt
assureur *m*	Versicherungsmakler
y aller	weggehen
jusqu'à nouvel ordre	bis auf Weiteres
hall *m*	Eingangshalle/ Eingangsbereich

– Nous l'avons récupérée, précise son petit-fils en regardant la liste des objets.
– Une dernière question, Gérard : pourquoi as-tu pris le bus ce matin ?
– J'ai eu un accident hier et ma voiture est cassée. Ce matin, j'avais un rendez-vous chez mon assureur. Je peux y aller ?
– Nous avons terminé, pour l'instant… Mais je vous demanderais de bien vouloir rester au commissariat jusqu'à nouvel ordre. »

Quelques minutes plus tard, David Lombard revient avec la canne de Marcel Bardon. Gérard Danger est maintenant installé dans le hall du commissariat. Pendant que Marie-Anne Lombard examine la canne, le jeune lieutenant fait entrer le suspect suivant. Il s'agit de Sébastien Xavos. Le jeune homme est très nerveux. Il refuse tout d'abord de s'asseoir.

« Asseyez-vous ! dit David Lombard.
– Non, merci.
– Asseyez-vous, je vous dis ! » ordonne-t-il.
Finalement, le jeune homme s'installe.
« Vous savez pour quelle raison vous êtes ici ? lui demande la vieille dame.
– Bien sûr, c'est à cause du type qui est mort !
– Vous le connaissiez ?
– Non, pas vraiment…
– Pourquoi avez-vous pris le bus ce matin ? »
La question ne plaît pas beaucoup à Sébastien Xavos. Il fait la grimace et répond :
« Je suis au chômage et j'ai un rendez-vous pour un boulot !
– Vous ne conduisez pas ?
– J'ai mon permis mais je n'ai pas de quoi me payer de voiture ! »

ne pas avoir de quoi	keinerlei Grund haben

Exercice 10 : Vrai ou faux ? Welche Aussagen sind korrekt? Markieren Sie mit richtig ✓ oder falsch – !

1. Le chef Vasseur participe aux interrogatoires. ❐
2. Gérard Danger est très sportif. ❐
3. Marcel Bardon était ivre. ❐
4. Marcel Bardon est monté dans l'autocar avec une canne. ❐

Pendant que son petit-fils continue à poser des questions, Marie-Anne a pris une feuille et un crayon : elle dessine maintenant un schéma. Ce schéma représente l'autocar : elle a dessiné la place de chacun pendant le voyage. Marie-Anne et Éléonore sont installées l'une à côté de l'autre, environ au milieu de l'autocar. De l'autre côté de l'allée, à la même hauteur, c'est la place de Guy Duregard. Tout au fond, il y a Sébastien Xavos, un siège derrière Marcel Bardon. De l'autre côté, à la même hauteur, c'est Gérard Danger. La femme élégante qui est montée à La Bruyère, est quelques sièges devant Guy Duregard. La dernière femme qui est montée, est installée devant les deux vieilles dames.

feuille *f*	Blatt
hauteur *f*	Höhe

« Si je vous dis que c'est un plan du trajet en autocar de ce matin, vous êtes d'accord ? »
Sébastien Xavos fait oui de la tête. Il semble préférer discuter avec Marie-Anne qu'avec son petit-fils : apparemment, il n'aime pas beaucoup les policiers !
« Qu'avez-vous fait pendant le trajet ? lui demande David Lombard.
– Moi ? J'ai écouté de la musique sur mon MP3.
– Et savez-vous ce qu'a fait la victime ?
– Ah oui ! Il s'est amusé à taper sur le sol avec sa canne !
– Et l'homme de l'autre côté de l'allée ?
– Il a dormi.
– Et avez-vous pu voir ce qui se passait devant ?
– Non ! Pourquoi ?
– Bon, c'est tout.
– Je peux y aller, maintenant ? »
Sans dire un mot, David Lombard raccompagne le jeune homme dans le hall du commissariat. Lui aussi doit attendre.

Exercice 11 : Le pluriel. **Bilden Sie die richtige Pluralform!**

1. il représente ils ______
2. elle a dessiné ______
3. c'est un plan ______
4. il doit attendre ______

Quelques instants plus tard, c'est la femme élégante qui entre dans le bureau du commissaire. Très arrogante, elle regarde Marie-Anne Lombard avec mépris.

« Dites-moi, demande-t-elle au jeune lieutenant, c'est un commissariat ici ou une maison de retraite ? »

Marie-Anne choisit d'ignorer la remarque. Son petit-fils, par contre, est très en colère :

« Écoutez, Madame… Euh… Belbob, nous avons quelques questions à vous poser.

mépris *m*	Verachtung
être mal à l'aise	sich unwohl fühlen

– Mais je vous en prie, vous pouvez m'appeler Catherine. »

Elle fait un grand sourire à David Lombard. Ce dernier est très mal à l'aise. Il attend que sa grand-mère continue avec l'interrogatoire :

« Vous n'êtes pas de la région, Madame ?

– Non, en effet, je suis parisienne.

– Et que faites-vous à La Bruyère ?

– Je suis venue rendre visite à une amie pour quelques jours et j'ai pris l'autocar pour aller à la gare de Vichy. D'ailleurs, quand est-ce que je pourrai prendre le train ? »

Pendant que David Lombard interroge la femme parisienne, Éléonore Laveau est assise dans un autre bureau : la vieille dame continue de boire du café et de manger des petits gâteaux. Elle est très contente de voir son amie... avec une canne.

« Oh ! Quelle belle canne ! Entièrement en **bois** ! Avec un **pommeau doré** ! Est-ce que je peux... ? »

En souriant, Marie-Anne Lombard confie la canne à son amie. La vieille dame s'amuse à taper sur le sol avec la canne.

« Tap ! Tap ! Tap ! »

Quelques instants plus tard, le jeune lieutenant retourne dans le bureau du commissaire. Sa grand-mère le suit. C'est maintenant au tour de Guy Duregard d'être interrogé. Guy Duregard est un homme de cinquante ans environ, très élégant avec son costume et sa cravate. C'est un expert en art qui possède la plus grande galerie d'art de Vichy et habite à La Bruyère. Il est très connu dans la région. C'est un homme qui sait très bien parler.

bois *m*	Holz
pommeau *m*	Knauf
doré	golden, vergoldet

« Monsieur Duregard, vous étiez à côté de nous pendant le voyage, commence Marie-Anne Lombard, est-ce que vous avez remarqué quelque chose de particulier ?

– Non, je ne crois pas. Sinon que les gens sont de plus en plus mal élevés ! »

David Lombard est assez surpris : il ne comprend pas où le galeriste veut en venir.

« Cette pauvre femme que personne n'a aidée à descendre !

– C'est vrai, reconnaît Marie-Anne Lombard, heureusement que vous étiez là.

– Monsieur Duregard, continue son petit-fils, pour quelle raison avez-vous pris le bus ce matin ?

– À vrai dire, je ne conduis pas, je n'ai pas mon permis de conduire. Vous savez, je suis parisien d'origine et à Paris, on n'a pas besoin de voiture. Et mon chauffeur a pris son week-end pour raison de famille. Et mon **épouse** est en voyage.
– Je vois. Et est-ce que vous connaissiez la victime ?
– Monsieur Bardon ? Oui, bien sûr : je l'ai employé quelque temps dans ma galerie mais j'ai malheureusement dû le **licencier**.
– Pour quel motif ?
– L'alcool : monsieur Bardon boit, et il boit beaucoup trop. »

épouse *f*	Ehegattin
licencier	entlassen, kündigen
cacher	verstecken
cohue *f*	Menschenmenge, Gedränge
mobile *m*	Motiv

Guy Duregard est très sûr de lui. Les interrogatoires se terminent avec Marie Château : Marie Château est une femme de cinquante ans environ. Elle est la dernière à être montée dans l'autocar le matin, à Viermeux, juste avant Cusset.
« Madame Château, quelle est la raison de votre présence dans l'autocar aujourd'hui ?
– J'ai des courses à faire et mon mari ne peut pas m'emmener. »
Marie-Anne Lombard remarque rapidement que Marie Château est très nerveuse. Elle a l'impression qu'elle veut **cacher** quelque chose.
« Est-ce que vous avez remarqué quelque chose de particulier pendant la dernière partie du voyage ?
– Non, je ne crois pas : nous sommes restés arrêtés assez longtemps à Cusset mais c'est à cause de la vieille dame qui est descendue. J'avais peur d'être en retard…
– Pour vos courses ?
– Oui, et puis c'était la **cohue** à l'arrière de l'autocar après la découverte du crime. »

Et c'est ainsi que les interrogatoires se terminent. David Lombard est déçu : il a questionné tous les suspects et il n'a encore aucune idée de qui est le coupable. Il ne trouve pas non plus de mobile. Mais Marie-Anne, elle, sourit. Peut-être l'a-t-elle déjà trouvé ?

Exercice 12 : Démêlez les phrases. Bilden Sie sinnvolle Sätze!

1. Marie-Anne aux participe des suspects interrogatoires

____

____

2. Duregard rien a n' de remarqué particulier Guy

____

____

3. Catherine très Belbob met mal David Lombard à l'aise

____

____

4. Marie très nerveuse Château est

____

5 Faux et usage de faux

Tandis que son petit-fils quitte le bureau avec l'air triste, Marie-Anne Lombard est satisfaite. Elle est la première à sourire quand elle aperçoit son amie Éléonore Laveau. La vieille dame ne boit plus de café et ne mange plus de gâteaux mais... elle joue avec la canne : elle marche dans tous les sens dans la pièce.
« Élémentaire, mon cher Watson ! » s'exclame-t-elle en jouant le célèbre détective.
C'est alors que David Lombard entre à son tour dans la pièce. Il est vraiment désespéré. Il sort son carnet de notes et le lit d'un air très sérieux. Sa grand-mère s'assoit à côté de lui.
« Le trajet s'est passé de façon normale. Tous les passagers sont d'accord sur son déroulement et sur la place de chacun dans le bus. Gérard Danger a un rendez-vous avec son assureur, Sébastien Xavos a un entretien d'embauche, Guy Duregard part au travail, Catherine Belbob rentre chez elle et Marie Château va faire des courses.
– C'est ce qu'ils disent, dit Marie-Anne, mais ils mentent tous.
– Comment le sais-tu ?
– C'est très facile à prouver : quelques coups de téléphone et tu connaîtras toute la vérité. Ce que je ne sais pas encore,

faux et usage de faux	Fälschung und Gebrauch gefälschter Dokumente
satisfait	zufrieden
élémentaire	*hier:* selbstverständlich
déroulement *m*	Ablauf
entretien *m* d'embauche	Vorstellungsgespräch

par contre, c'est la personne qui ment encore plus que les autres.
– L'assassin, tu veux dire ? »

Exercice 13 : Synonymes. Finden Sie die Synonyme zu den folgenden Wörtern!

1. content ______________________
2. connu ______________________
3. sans espoir ______________________
4. simple ______________________

Une heure plus tard, dans le hall du commissariat, les passagers de l'autocar commencent à perdre patience. Gérard Danger marche de long en large et s'exclame :
« Mais enfin ! Quand est-ce qu'ils vont nous laisser partir ? »
C'est alors que le chef Vasseur fait son entrée au commissariat. Il a l'air satisfait et il fait un petit signe de la tête à Marie-Anne Lombard. Cette dernière sourit avant de monter dans le bureau du commissaire avec Éléonore Laveau. Marie-Anne sait en effet que le commissaire aime beaucoup son amie. Il sera donc plus facile pour elle de lui demander ce qu'elle veut.
Ainsi, bientôt, l'ensemble des passagers de l'autocar Vichy-Arfeuilles est conduit dans la grande salle de réunion du commissariat. Le chef Vasseur vient de finir d'installer les chaises : il les

assassin *m*	Mörder
salle *f* de réunion	Versammlungsraum

a mises en parallèle pour recréer l'intérieur de l'autocar. Il n'est en effet pas possible d'utiliser le véritable autocar que les techniciens de la police sont en train d'examiner.
« Est-ce qu'on va enfin nous dire ce qui se passe ? »
Gérard Danger commence vraiment à perdre patience.
« Nous y venons, lui répond le chef Vasseur, nous y venons. »
Et en effet : quelques minutes plus tard, Marie-Anne Lombard et son petit-fils entrent à leur tour. Le commissaire, le chef Vasseur et deux policiers en uniforme sont assis dans un coin de la pièce. Les passagers de l'autocar, eux, sont assis comme pendant le trajet.

Exercice 14 : Combinez. Welche der folgenden Begriffe gehören zusammen? Ordnen Sie zu!

1. ☐ avoir	a) au revoir
2. ☐ être	b) la parole
3. ☐ prendre	c) raison
4. ☐ dire	d) d'acccord

« On en a marre ! crie Gérard Danger. Laissez-nous rentrer chez nous, à la fin, quoi !
– Et j'ai un train à prendre, moi ! » ajoute Catherine Belbob.
Marie-Anne et son petit-fils prennent place devant le groupe des passagers. Éléonore Laveau est également présente mais elle ne comprend pas vraiment ce qui se passe :
« Que se passe-t-il ? Est-ce une soirée à thèmes ? Marie-Anne ?
– Non, Madame Laveau, dit Guy Duregard en lui prenant la main, je crois que le lieutenant veut nous expliquer ce qui s'est passé ce matin dans l'autocar. »

Quand enfin le silence se fait, c'est alors le jeune lieutenant David Lombard qui prend la parole :
« Mesdames et messieurs, si nous vous avons réunis, c'est pour revoir avec vous les détails du trajet de ce matin qui a coûté la vie à Marcel Bardon. Commençons par monsieur Danger. Monsieur Danger, vous êtes un menteur.
– Moi ? Comment ça, je suis un menteur ?
– En réalité, vous nous avez toutes et tous menti, mais une seule personne nous a menti sur différentes choses, dit Lombard.
– Je vous en prie, lieutenant, intervient alors Guy Duregard, éclairez-nous.
– En fait, c'est madame Lombard qui va vous expliquer.

Exercice 15 : Les verbes. Lesen Sie weiter und setzen Sie die Verben in der jeweils richtigen Form ein!

- Gérard, tu as certes eu un accident, mais tu ne l'as pas eu hier mais mercredi. Nous avons **1.** appelé / appeler ____________ ton employeur : c'est la raison pour laquelle tu n'es pas **2.** allé / aller ____________ travailler depuis mercredi. Le problème, c'est que ton permis de conduire t'a été **3.** retiré / retirer ____________ pour excès de vitesse jusqu'à hier soir et que la justice va te **4.** demandé / demander ____________ des comptes si tu as conduit sans permis. »

Gérard Danger baisse la tête et ne dit rien.
« On s'en fout ! s'écrie alors Sébastien Xavos.
– Quant à vous, Monsieur Xavos, vous n'avez pas de rendez-vous pour un travail mais si vous êtes si nerveux, c'est à cause de ce que vous avez dans les poches. » ajoute David Lombard.
Aussitôt, le chef Vasseur se lève et vide les poches du jeune homme. Il y trouve… plusieurs sachets de poudre blanche. De la drogue.
« Vous êtes sans emploi, votre famille n'est pas riche mais vous vivez quand même bien sans travailler depuis des mois. Quant à vous, Madame Château, votre mari est chez vous ce matin et il n'a pas compris pourquoi vous ne lui avez pas demandé de vous conduire en ville. Je pense que vous avez des problèmes de famille, continue David Lombard.
– J'avais rendez-vous avec un avocat : je veux divorcer et je ne veux pas que mon mari l'apprenne maintenant.
– Madame Belbob, vous nous avez dit rendre visite à une amie, c'est également faux. De profession, vous êtes experte en art et je crois que vous êtes également la maîtresse de monsieur Duregard, ajoute David Lombard.
– Quoi ?
– Comment ? Mais qu'est-ce que vous racontez ? »
Marie-Anne Lombard poursuit :
« Vous êtes tous les deux parisiens, vous travaillez tous les deux dans l'art et vous vous retrouvez **par hasard** à La Bruyère puis dans le même autocar. Non, excusez-moi, mais je ne crois pas au hasard. Monsieur Duregard, nous avons interrogé votre chauffeur et il n'a pas pris son week-end : c'est vous qui le lui avez donné. »

par hasard zufällig

Aussitôt, le silence se fait dans le groupe.
« Mais de quoi parlez-vous donc ? » demande alors Éléonore Laveau.

Guy Duregard se redresse alors sur sa chaise. Il a l'air quelque peu embarrassé :

« Très bien, Madame Lombard, vous êtes très douée : Catherine et moi avons une liaison depuis…

– Guy, je t'en prie !

– Et j'étais dans l'autocar pour la raccompagner à la gare. J'ai profité de l'absence de ma femme…

– Je ne crois pas, justement ! » répond Marie-Anne.

À ces mots, un silence de mort tombe sur la pièce. Plus personne[i] n'ose parler : les regards sont posés à la fois sur Guy Duregard et sur Marie-Anne Lombard.

Werden **personne, aucun** oder **rien** als Subjekt verwendet, stehen sie vor dem Verneinungsobjekt **ne:**

Personne n'ose parler.
Niemand wagt zu sprechen.

« Expliquez-vous, Madame ! s'exclame le galeriste. Où voulez-vous donc en venir ? »

La vieille dame s'approche alors de son amie et lui fait un signe. Aussitôt, Éléonore Laveau se remet à taper sur le sol avec la canne de Marcel Bardon.

« Marcel Bardon n'a jamais eu de canne.

– Quel rapport avec moi ?

– C'est pour cette canne que vous l'avez assassiné. »

Marie-Anne Lombard commence alors à dévisser le pommeau de la canne.

« Ou plutôt pour son contenu : mon petit-fils a appelé un de ses collègues de la police parisienne. Vous faites l'objet d'une enquête. Ils vous soupçonnent de trafic d'œuvres d'art volées. Et je suis certaine que nous allons en trouver une roulée et cachée dans cette canne. Marcel Bardon était peut-être alcoolique mais il a malgré tout compris que quelque chose n'allait pas dans votre galerie. Il a volé cette toile et il voulait vous

faire chanter. Vous aviez rendez-vous avec lui en ville ce matin : mais si vous êtes monté dans le bus, ce n'est pas pour raccompagner votre maîtresse ni pour aller au rendez-vous, mais pour assassiner le **maître-chanteur**. Vous l'avez discrètement poignardé puis vous êtes revenu vous asseoir près de nous.

– Jolie histoire, Madame Lombard, mais cela reste une histoire.

– Vous croyez : parce qu'il vous fallait encore faire disparaître l'arme du crime. C'est pour cette raison que votre femme nous a suivi avec sa voiture rouge : c'est elle qui a fait semblant de vous demander sa route quand vous avez aidé la vieille dame à descendre à Cusset, juste après avoir poignardé la victime. Et c'est là que vous lui avez donné le couteau. La vieille dame nous a confirmé que la voiture rouge était **immatriculée** dans la région, ce que j'avais aussi remarqué : ce n'était donc pas un touriste, comme vous nous l'avez dit, mais votre propre femme.

faire chanter	erpressen
maître-chanteur *m*	Erpresser
immatriculer	*hier:* anmelden, zulassen (Auto)
tromper	betrügen

– Et même si c'était vrai, est-ce que vous pouvez le prouver ? » lui demande Guy Duregard, sarcastique.

C'est alors que le chef Vasseur se lève et quitte la pièce. Il revient quelques instants plus tard, accompagné d'une femme, les menottes aux poignets.

« Nous avons le témoignage de votre épouse ainsi que l'arme du crime. Elle nous a tout remis quand nous lui avons parlé de votre liaison avec madame Belbob.

– Tu n'as pas fait ça ? crie alors le galeriste à sa femme.

– C'est toi ! C'était ton idée ! Je me suis sacrifiée pour toi et tu m'as **trompée** ! »

Aussitôt, David Lombard passe les menottes à Guy Duregard et le conduit à l'extérieur. Le commissaire prend la parole : « Mesdames et Messieurs, au terme de cette brillante démonstration, je crois que vous êtes libres… Sauf vous, jeune homme. » Sébastien Xavos baisse la tête.

Exercice 16 : Qui a fait quoi ? Ergänzen Sie die Namen der Personen in den folgenden Sätzen!

Catherine Belbob — Gérard Danger — Marie Château — Sébastien Xavos

1. ______________ est parisienne et elle est venue à La Bruyère pour retrouver son amant.
2. ______________ n'a pas de problème d'argent alors qu'il est au chômage : son argent vient du trafic de drogue.
3. ______________ a menti à son mari : elle a pris le bus car elle avait rendez-vous avec un avocat pour son divorce.
4. ______________ a eu son accident dès le mercredi : il a menti car il n'avait pas de permis de conduire lorsqu'il a eu son accident.

En milieu d'après-midi, le commissaire, le chef Vasseur, David Lombard, Éléonore Laveau et Marie-Anne Lombard se retrouvent devant le commissariat.

solennellement	feierlich, offiziell
contribution *f*	Beitrag, Beteiligung

« Mesdames, déclare solennellement le commissaire, au nom de la République, je vous remercie pour votre contribution à la résolution de cette enquête.

– Mais non, nous ne voulons pas faire la fête ! lui répond Éléonore Laveau.

– Mamie, tu veux que je vous conduise au marché ?

– Pourquoi ? Nous pouvons très bien nous débrouiller toutes seules, pas vrai, Éléonore ?

– Tout à fait d'accord, Marie-Anne !

– Mais... Vous entendez très bien, Madame Laveau ?

– Ah, ces jeunes ! » se contente de répondre la vieille dame en haussant les épaules.

Et les deux amies traversent la cour du commissariat en riant.

Feu de la passion

Rosemary Luksch

1 Au feu

Il fait très chaud, beaucoup trop chaud pour un début d'été. L'inspecteur Dumoulin roule vite à travers la campagne, la vitre ouverte. Ce n'est pas la région de Bourgogne où on trouve des vignes et les grands vins. Ici, on trouve des prés, des bois, encore des prés et les grandes vaches blanches de race Charolaise. L'inspecteur quitte la route départementale pour prendre une petite route asphaltée sur sa droite. Sur la boîte aux lettres, il lit : Écurie – Aline et Maxime Châtillon. Il est arrivé.

L'écurie des Châtillon a complètement brûlé. L'inspecteur referme vite la vitre de sa voiture à cause de la fumée. Les pompiers sont très occupés à finir d'éteindre le feu. Heureusement la maison des Châtillon n'a rien. Dumoulin gare sa voiture devant la terrasse à côté de celle de son assistant. Roland Delpierre vient justement vers lui, content de le voir arriver.

à travers	durch, über
vitre *f*	Scheibe
vigne *f*	Weinberg
pré *m*	Weide, Wiese
bois *m*	Wäldchen
Charolais	Charolais, aus der Gegend von Charolles im Burgund

« Patron, vous voilà enfin ! » s'écrie le jeune homme.
Dumoulin sort de sa voiture, rouge de chaleur.
« Ouf ! fait-il. Il fait chaud comme au mois d'août ! Et on est seulement à la fin du mois de juin !

– Oui, c'est vrai, dit l'assistant. Avec le feu, il fait encore plus chaud ici. Il ajoute : J'ai commencé à **enquêter** sans vous, j'ai déjà quelques informations.
– C'est bien, le complimente l'inspecteur. Vas-y, je t'écoute ! »
Le jeune homme lit alors les notes qu'il a prises en attendant son chef :
« Les propriétaires de l'écurie s'appellent Aline et Maxime Châtillon. Ils ont deux petites filles qui vont à l'école du village. Ce matin, madame Châtillon est partie en voiture vers huit heures comme toujours pour emmener ses filles à l'école. Puis elle est passée à la boulangerie acheter du pain. Finalement, elle est rentrée vers neuf heures moins le quart. C'est là qu'elle a découvert le feu. Les flammes sortaient déjà du toit de l'écurie quand elle est arrivée. Elle a appelé les pompiers qui sont venus tout de suite.

écurie *f*	Pferdestall
brûler	brennen
éteindre	löschen, aus-machen
patron *m*	Chef
enquêter	ermitteln

Exercice 1 : Trouvez le contraire. Finden Sie das Gegenteil der folgenden Begriffe!

1. hiver ____________________

2. donner ____________________

3. moins ____________________

4. venir ____________________

Dumoulin remarque :
« Les Châtillon ont eu de la chance que la maison ne soit pas **détruite** par le feu.
Alors son assistant explique :
– Oui. Heureusement, la caserne des pompiers se trouve au village, ils pouvaient être sur place immédiatement. Puis il montre un sac en papier marron dans un plastique de protection et continue : Nous avons trouvé ce **sac poubelle** dans le bois à côté de l'écurie. Il y a un reste de **poudre** à l'intérieur.
– De la poudre ? s'étonne Dumoulin. Quel genre de poudre ?
Delpierre répond :
– De la poudre pour **cartouches** de **fusil de chasse.** Le capitaine des pompiers dit que ça brûle bien et que ça n'explose pas. Elle sert à faire des cartouches soi-même. C'est plus économique. »
Dumoulin inspecte le sac en papier marron à travers le plastique.
Il déclare :
« Donc c'est un **incendie** criminel, c'est sûr.
– Oui, confirme son assistant.
Dumoulin affirme à nouveau :
– Et si le criminel a perdu ce sac poubelle, on trouvera peut-être ses **empreintes** dessus. »
Tout en parlant, les deux hommes ont marché vers l'écurie que l'incendie a détruite.
L'inspecteur ordonne à son assistant :
« Montre-moi maintenant l'**endroit** où le feu **a démarré**. »
Roland passe devant son chef et l'invite à le suivre :
« Venez, Patron. Par ici ! »

détruire	zerstören
sac *m* poubelle	Müllsack
poudre *f*	*hier:* Zündpulver
cartouche *f*	*hier:* Patrone
fusil *m* de chasse	Jagdgewehr
incendie *m*	Brand
empreinte *f*	(Finger-)Abdruck
endroit *m*	Ort
démarrer	starten, anmachen
foin *m*	Heu

Exercice 2 : Réponses courtes. **Geben Sie jeweils eine Kurzantwort!**

1. Qu'est-ce que le feu a détruit ?

   ______________________________ des Châtillon.

2. Quel endroit est-ce que Dumoulin veut voir ?

   L'endroit ______________________________

3. Qu'est-ce que le criminel a perdu dans sa fuite ?

   ____

4. Qu'est-ce que l'inspecteur espère trouver sur le sac poubelle?

   ______________________________ du criminel.

Ils arrivent derrière le bâtiment qui a brûlé, juste à côté d'un bois. Roland affirme :
« L'incendie a démarré là, dans le foin. Le feu était en train de gagner sur le bois. Regardez ! L'herbe est toute noire, mais les pompiers sont arrivés juste à temps pour sauver les arbres.
– Tout est tellement sec, remarque Dumoulin. Ça brûle comme du papier en ce moment. La poudre à cartouches était parfaitement inutile pour mettre le feu. »
Delpierre reconnaît que son chef a raison.
« Oui, c'est vrai, dit-il. Par cette chaleur, une cigarette suffit pour que tout brûle. Le capitaine des pompiers dit qu'ils ont beaucoup de départs de feu partout en ce moment, souvent à cause des gens qui ne font pas assez attention. »

Alors Dumoulin fait un début de portrait psychologique du criminel :
« Si tu veux savoir ce que je pense, l'incendiaire est un débutant. Il voulait être sûr de son coup, c'est pourquoi il a utilisé la poudre à cartouches. C'est peut-être une vengeance. »
Delpierre est bien d'accord avec lui. Il invite son chef à le suivre sous les arbres.
« Venez Patron ! J'ai aussi trouvé des empreintes de pneus de vélo sur le chemin du bois, dit-il. Là, regardez ! Il désigne les empreintes et ajoute : Je les ai déjà prises en photo. »
Dumoulin examine les empreintes de près.
« On dirait des empreintes de vélo tout-terrain, d'un VTT. Mais l'incendiaire est peut être venu en voiture, lui. »
Là, Roland n'est pas de l'avis de son chef, chose très rare.
« Non, je ne crois pas », dit-il.
Dumoulin le regarde bizarrement.
« Et pourquoi ça, s'il-te-plaît ? » demande-t-il.
Sûr de lui, Roland explique :
« Le chemin du bois n'est pas assez large pour qu'une voiture y passe. Et en venant par la route asphaltée, l'incendiaire pouvait rencontrer madame Châtillon.
– Oui, c'est vrai. » doit reconnaître Dumoulin.
Tout à coup, une femme sort de la maison.
« Ah ! Voilà justement Aline Châtillon ! » s'exclame Delpierre en désignant la dame sur la terrasse.
Blonde aux yeux bleus, la silhouette mince, Aline Châtillon a la quarantaine. Elle est jolie bien que, pour le moment, son visage soit noir et ses cheveux décoiffés. Elle semble un peu désorientée.

incendiaire *m*	Brandstifter
vengeance *f*	Rache
pneu *m*	Autoreifen
VTT (Vélo *m* Tout Terrain)	Mountainbike
avis *m*	Meinung
mince	dünn, schlank
avoir la quarantaine	etwa vierzig Jahre alt sein

Dumoulin va vers elle, suivi de Delpierre, et se présente :
« Madame Châtillon ? Je suis l'inspecteur Dumoulin. J'enquête sur cet incendie. Doucement, il demande : Pourrais-je vous poser quelques questions, Madame ?
– Euh… Oui, bien sûr, Inspecteur… Venez, entrez, répond la dame en leur ouvrant la porte de la maison. Toute cette fumée, c'est horrible ! On sera mieux à l'intérieur pour parler. »

Exercice 3 : Adjectifs. Lesen Sie weiter und übersetzen Sie die Adjektive in Klammern!

Ils se retrouvent dans une **1.** groß ______________ cuisine. D'un geste, Aline les invite à prendre place à la **2.** lang ______________ table de bois. Elle sort du réfrigérateur une carafe **3.** voll ______________ de thé glacé et la pose devant eux. Elle prend aussi deux verres **4.** leer ______________ dans un **5.** alt ______________ meuble, un ancien buffet.

« Si vous voulez, servez-vous ! dit-elle. C'est du thé glacé... Les filles adorent ça. »

Les deux policiers acceptent volontiers la boisson **6.** frisch ______________ et s'en servent un **7.** groß ______________ verre.

La propriétaire a les larmes aux yeux. Elle essaie de ne pas pleurer. Elle regarde par la fenêtre et dit :

« Je me demande qui a pu mettre le feu ! Nous sommes ruinés.

– Où se trouve votre mari ? demande Dumoulin, inquiet de la voir seule face au désastre. Il n'est pas là pour vous soutenir?

– Maxime est en voyage d'affaires à Lyon depuis deux jours. Il ne sait rien de ce qui se passe ici. Il installe un nouveau logiciel pour son entreprise, explique la femme. Je ne pourrai certainement pas le joindre avant ce soir parce qu'il éteint toujours son téléphone portable quand il est avec un client.

– Il revient quand ? veut savoir Dumoulin.

– Il revient demain. Aline ajoute : De toute façon, il ne peut rien faire ici pour le moment. Son travail est très important pour nous maintenant et même encore plus qu'avant.

– Vous lui direz de passer à mon bureau quand il sera rentré. » dit Dumoulin.

Aline fait oui de la tête.

Elle prend place à table en face des deux policiers et commence à raconter d'elle-même :

« Maxime est né ici, vous savez. On habitait dans la banlieue lilloise depuis notre mariage. Il y a deux ans, il a hérité de ses parents. Alors on a décidé que la vie à la campagne, ce serait mieux pour les enfants.

– Et vous avez transformé l'ancienne ferme en écurie ? demande l'inspecteur.

– Oui. Comme nous avons beaucoup de terrain, j'ai décidé de garder des chevaux en pension. On a construit les box et puis j'ai mis une annonce. Comme ça, je vois des gens de la ville.

larme *f*	Träne
soutenir	unterstützen
logiciel *m*	Software
lillois	*hier*: von Lille
hériter	erben
transformer	umbauen, umwandeln
cheval *m*	Pferd

– Est-ce que tous les chevaux vont bien? s'inquiète brusquement l'inspecteur.

– Oui, heureusement, répond la propriétaire. Ils étaient au pré depuis six heures ce matin. Ils sont nerveux à cause du feu mais ils n'ont rien.

– C'est plutôt la région des vaches, ici, remarque Delpierre. Des chevaux, ça change !

cavalier *m*	Reiter
ennemi *m*	Feind
menace *f*	Bedrohung
étrangère *f*	Fremde
hocher la tête	mit dem Kopf nicken
hésiter	zögern
refus *m*	Ablehnung

– Oui. Les chevaux, ça change des vaches, et les **cavaliers**, ça change des paysans d'ici… dit Aline d'un air bizarre.

– Vous avez des **ennemis** ? la questionne alors Dumoulin. Est-ce que vous avez reçu des **menaces** ?

– Non, non, répond Aline. Les gens d'ici ne s'intéressent pas du tout à nous, ajoute-t-elle toujours avec le même drôle d'air. Pour eux, je suis une **étrangère**, la ‹ Nordiste ›. »

Delpierre fait un geste en direction de l'écurie brûlée qu'il voit à travers la vitre.

Il déclare :

« Et pourtant, il semble bien que quelqu'un vous déteste assez pour faire ça. »

Aline **hoche la tête**.

« Oui, malheureusement. Mais je ne sais vraiment pas qui pourrait vouloir notre ruine… Il y a bien quelqu'un, mais… »

Dumoulin voit que la femme **hésite**.

« À qui pensez-vous ? demande-t-il. Tous les détails sont importants, vous savez. »

La femme se décide et dit :

« Et bien… Notre voisin Pascal Leroy espérait que nous lui vendrions notre terrain quand nous avons hérité. Il le voulait pour ses vaches. Il était très déçu de notre **refus**. Mais je ne crois vraiment pas qu'il soit capable de mettre le feu. Il a une famille, sa ferme, ce n'est pas un incendiaire. »

« Tiens ! Voilà quand même bien un premier suspect. » se dit Dumoulin. Il note le nom de Pascal Leroy. Puis il demande : « Est-ce que vous travaillez seule ici quand votre mari est sur les routes pour son entreprise ? »

Aline secoue la tête.

« Non, plus maintenant. Un jeune du village vient m'aider à faire les box et à m'occuper des chevaux quand il ne va pas au lycée agricole. Il s'appelle Benoît Maréchal. »

capable	fähig
secouer	schütteln
lycée *m* agricole	Landwirtschafts-gymnasium

Dumoulin note aussi le nom du jeune homme.

« Est-ce que vous savez où il se trouvait au moment de l'incendie ? demande-t-il.

– Ses vacances d'été ont tout juste commencé, raconte Aline Châtillon. Il doit encore être chez lui. Il arrive généralement vers neuf heures et demie. Ça m'étonne qu'il ne soit pas encore là, d'ailleurs. »

Exercice 4 : Vrai ou faux ? Welche Aussagen sind korrekt? Markieren Sie mit richtig ✓ oder falsch – !

1. Maxime Châtillon est né en Bourgogne. ☐
2. L'écurie est une maison où on trouve des vaches. ☐
3. Maxime travaille dans une ferme. ☐
4. Benoît Maréchal aide Aline à s'occuper des chevaux. ☐

2 Suspects !

Les deux policiers quittent l'écurie et se séparent pour enquêter. Delpierre va faire du porte à porte dans le village. Dumoulin choisit d'aller au bistrot du village pour rencontrer les agriculteurs au moment de l'apéritif de midi.
Quelques minutes plus tard, Dumoulin entre dans le café de la place « Chez Marcel ». Il est étonné, car il n'y a pas encore de clients. Il salue le patron, prend le journal et s'installe dans un coin près de la fenêtre.
L'inspecteur commande un jus d'orange. Le patron du bistrot revient avec la boisson et la pose devant lui. À ce moment-là, trois voitures arrivent presqu'en même temps sur le parking de la place. Il est clair que les trois hommes se sont donné rendez-vous. L'un d'eux a une grosse moustache grise, l'autre n'a plus de cheveux. Quant au troisième, il porte une veste verte. Dumoulin remarque tous ces détails rapidement, c'est son métier.

faire du porte à porte	von Haus zu Haus gehen
agriculteur *m*	Landwirt
commander	bestellen
moustache *f*	Schnurrbart
quant à…	was … betrifft
curieusement	neugierig

Les trois hommes saluent bruyamment le patron en entrant dans le local. Ils regardent l'inspecteur curieusement. Ils ne savent pas qu'il est policier parce que sa voiture n'est pas un véhicule typique de la police. Ils pensent que c'est un touriste ou plutôt un représentant de commerce. Ils l'oublient tout aussi vite et prennent place à leur table habituelle.

Exercice 5 : Date et heure. Schreiben Sie Uhrzeiten und Datum in Zahlen um!

1. midi ______________________
2. dix-huit heures trente ______________________
3. huit heures moins le quart ______________________
4. vingt-sept juin mille neuf cent soixante-seize

   ______/______/____________

L'homme sans cheveux ordonne d'une voix forte :
«Marcel, l'apéro, s'il te plaît !
– Qu'est-ce que je vous sers, les gars ? demande Marcel.
– Comme d'habitude ! Apporte la bouteille de Pastis et laisse-la sur la table ! répond l'homme qui vient de commander.
– On va arroser le feu ! dit l'homme à la moustache. Il fait chaud mais ce feu-là, ça se fête !
– Pascal, tais-toi ! » fait le troisième à la veste verte, en désignant Dumoulin du regard.
Dans son coin, l'inspecteur ne semble pourtant pas s'intéresser à leur conversation.
« Oh ! Jacques, ça va ! réplique Pascal. On est libre de dire ce qu'on pense ! »

représentant *m* de commerce	Handelsvertreter
venir de faire qc	etw. gerade getan haben
arroser	begießen
se taire	schweigen
répliquer	erwidern

« Tiens, se dit Dumoulin sans lever la tête. Celui-là, c'est certainement Pascal Leroy, le voisin qui voulait acheter le terrain des Châtillon. L'incendie lui **fait plaisir**, ça se voit. »
Jacques demande à l'homme sans cheveux :
« Alors Bruno, ta vache malade, elle va mieux ?
– Oui, elle va bien maintenant, répond Bruno. Benoît et moi, on l'a **soignée** toute la nuit. »
« Et voilà le père de Benoît Maréchal, le jeune homme qui aide Aline Châtillon à l'écurie. » pense de nouveau l'inspecteur.
Alors Pascal Leroy se met à rire bruyamment.
« Ton Benoît, il sait encore reconnaître une vache ? demande-t-il sur un ton **moqueur**. Je pensais qu'il avait trouvé une nouvelle famille maintenant. »
Le visage de Bruno devient rouge d'un coup. Il **saute** sur ses pieds en faisant tomber sa chaise et attrape Pascal par la chemise.
« Répète un peu ! » **hurle**-t-il sur un ton furieux.
Bruno est grand et fort. Pascal, plus petit et moins musclé, essaie de se libérer, mais Bruno le tient bien.
« Pfff... fait Pascal. Mais... **Lâche**-moi donc, Bruno ! Je **plaisantais** ! »
Maréchal hurle de colère à deux centimètres du visage de Pascal :
« Et moi, je n'aime pas tes **plaisanteries** !!! »
Le troisième homme, Jacques, essaie alors de calmer son copain.
Il retient Bruno Maréchal et dit :
« Bruno, laisse-le ! Ne l'écoute pas ! Puis s'adressant à Pascal Leroy, il ajoute : Et toi, Pascal, tu ferais mieux de te taire ! »
Alors Bruno lâche Pascal. Sa colère est tombée d'un coup. Il les regarde froidement l'un et l'autre puis il hausse les épaules.

faire plaisir	Freude machen
soigner	pflegen
moqueur	spöttisch
sauter	springen
hurler	brüllen
lâcher	loslassen
plaisanter	scherzen
plaisanterie *f*	Scherz, Witz

Lançant quelques pièces de monnaie sur la table, il déclare : « Vous êtes trop cons, tous ! Je rentre ! Salut ! »
Et il sort en claquant la porte.
« Ouf ! Qu'est-ce qu'il est susceptible ! dit Pascal en relevant la chaise que Maréchal a fait tomber.
– Il ne supporte pas que Benoît aide les Châtillon ! déclare Jacques Leroy. Tu le sais aussi bien que moi ! Alors laisse-le tranquille avec cette histoire ! »

ϟ con	*hier:* blöd
susceptible	empfindlich, launisch
supporter	ertragen
ϟ C'est ma tournée.	Ich gebe einen aus.
y aller	weggehen

Exercice 6 : Combinez. Welche Elemente gehören zusammen?

1. ☐ ne pas aimer	a) de colère
2. ☐ se mettre	b) froidement
3. ☐ être rouge	c) un ton moqueur
4. ☐ regarder	d) à rire
5. ☐ demander sur	e) la plaisanterie

Marcel prend alors la bouteille de Pastis sur la table et en sert un verre aux deux hommes.
« Tenez les gars, c'est ma tournée ! dit-il pour mettre un point final à la dispute.
– Un dernier verre alors, dit Jacques et s'assied à nouveau. Après on y va, nous aussi. C'est l'heure du repas. »
Quand les trois hommes sont partis, Marcel se rappelle brusquement que Dumoulin est toujours assis dans le coin près de la fenêtre.

« Ah ceux-là, ils sont vite excités ! lui dit-il, désirant excuser ses clients et amis paysans. Ce sont de vraies forces de la nature, comme leurs taureaux Charolais ! »
Dumoulin hoche la tête et décide enfin de se présenter.
« Inspecteur Dumoulin, dit-il en sortant sa carte de police. J'enquête sur l'incendie de l'écurie. »
Marcel ne **cache** pas sa surprise.
« Oh, fait-il. Je croyais que vous étiez représentant de commerce.
– Ces hommes, qui étaient-ils ? demande l'inspecteur, connaissant déjà en partie la réponse à sa question.
Marcel répond volontiers :
– Il y avait le **garde forestier,** Jacques Bernardet et puis Bruno Maréchal, le plus gros propriétaire de la région. Et le troisième, c'était Pascal Leroy, un **éleveur** de vaches Charolaises, lui aussi.
– Ils n'ont pas l'air d'aimer les Châtillon, remarque Dumoulin.
– C'est surtout leur projet d'écurie qu'ils n'aiment pas, dit Marcel.
– Tout le village est contre les Châtillon à cause de ce projet ? demande Dumoulin.
– Non. Moi je ne suis pas contre eux, répond Marcel. Il explique : Des étrangers, c'est bon pour le commerce. Et puis, les filles des Châtillon vont à l'école du village. C'est important parce que sans elles, l'école aurait fermé cette année à cause du manque d'élèves. Mais le **maire** fait ouvrir des chemins qui étaient fermés depuis trente ans. Depuis toutes ces années, les agriculteurs et les **chasseurs** de la région les considéraient comme leur propriété et ils sont furieux que les cavaliers y passent.
– Bruno Maréchal a-t-il d'autres raisons de détester les Châtillon ? demande l'inspecteur.

cacher	verstecken
garde *m* forestier	Förster
éleveur *m*	Züchter
maire *m*	Bürgermeister
chasseur *m*	Jäger

– Oui. Ça, on peut le dire ! s'exclame le patron du café. Quand Maxime Châtillon a quitté le village, il y a **environ** dix-huit ans, il était **fiancé** avec Josette, la fille de Jules Maurois. Il **a rompu ses fiançailles** pour se marier avec Aline, la ‹ Nordiste ›. En ce temps-là, Bruno Maréchal était amoureux fou de Josette. Alors, après le départ de Maxime, il l'a tout de suite demandée en mariage et elle a accepté, plutôt **par dépit** si vous voulez mon avis. L'année suivante, Benoît est né. Maréchal était heureux d'avoir un fils. »

Dumoulin résume ce qu'il a compris :

« Donc, tout allait bien pour Bruno Maréchal jusqu'au jour où Maxime est revenu au village.

environ	ungefähr
fiancé	verlobt
rompre les fiançailles	die Verlobung auflösen
par dépit	aus Verdruss
jaloux	eifersüchtig
à l'époque	damals
décéder	sterben
à part	außer

– C'est ça, dit Marcel. Il ne supporte pas que son fils Benoît passe tout son temps libre à l'écurie.

– Maréchal est-il plutôt furieux à cause de son fils ou **jaloux** à cause de sa femme ? demande encore l'inspecteur.

– Hum. Difficile à dire, répond Marcel. Bruno déteste Maxime, un point c'est tout. Les Maurois et les Châtillon étaient des familles respectées **à l'époque**. Les villageois n'ont jamais pardonné à Maxime de s'être installé dans le Nord et d'avoir épousé une Lilloise. Mais c'est du passé. Les parents sont tous **décédés** maintenant, **à part** le vieux Jules Maurois, le père de Josette. Le problème, c'est que Benoît va toujours chez les Châtillon parce qu'il adore les chevaux. Et ça, ça active les anciennes passions.

– Où habite le beau-père de Maréchal ? demande Dumoulin. Je désire lui rendre une petite visite.

– Vous prenez la route de Paray, répond Marcel. Puis la première à droite après la sortie du village. Vous verrez des bâtiments qui tombent en ruine sur votre gauche. Jules Maurois y habite seul. Il ne laisse entrer personne sauf quand sa famille lui rend visite. Il a peur qu'on vienne chez lui pour ouvrir de nouveaux chemins. »

Exercice 7 : Devinette. Finden Sie die passenden Begriffe und enträtseln Sie das Lösungswort!

1. Le bâtiment qui a brûlé est une _ ☐ _ _ _ _.
2. Les Charolaises sont des _ _ _ ☐ _ _.
3. Un meuble antique n'est pas neuf, il est _ _ _ _ ☐ _.
4. La vache a été soignée parce qu'elle était ☐ _ _ _ _ _.
5. Autrefois, Josette et Maxime étaient _ ☐ _ _ _ _ _.
6. Un an après le mariage, un fils est ☐ _.

Lösung: On ouvre un nouveau _ _ _ _ _ _ de randonnée.

3 Tel père, tel fils

Dumoulin quitte le bistrot Chez Marcel en lui laissant un bon **pourboire** pour le remercier de toutes ces informations. Sa voiture se trouve en plein soleil, il fait très chaud à l'intérieur. Il laisse un moment la portière ouverte avant de prendre place sur le **siège** du conducteur derrière le volant. Puis il démarre le moteur et prend la direction de Paray. Avant de rentrer au bureau, il a décidé de passer par la ferme du vieux Maurois. Il laisse l'entrée du chemin des Châtillon sur sa gauche. À ce moment-là, il voit un jeune homme à VTT descendre le chemin asphalté de l'écurie. Aussitôt, il s'arrête sur le côté de la route et l'appelle par la vitre ouverte.

Exercice 8 : La voiture. Kreuzen Sie die richtige Übersetzung an!

1. Sitz
   a) ☐ chaise
   b) ☐ fauteuil
   c) ☐ siège

2. Tür
   a) ☐ portière
   b) ☐ porte
   c) ☐ pompier

3. Steuer
   a) ☐ voulant
   b) ☐ voleur
   c) ☐ volant

4. Scheibe
   a) ☐ vitrine
   b) ☐ vitre
   c) ☐ fenêtre

« Benoît Maréchal ? »
Le jeune homme s'arrête près de la voiture.
« Oui. On se connaît ? demande Benoît sur un ton surpris.
– Pas vraiment, répond l'inspecteur. J'ai entendu parler de toi. Je suis l'inspecteur Dumoulin et j'enquête sur l'incendie de l'écurie.

Tel père, tel fils.	Der Apfel fällt nicht weit vom Stamm.
pourboire *m*	Trinkgeld
siège *m*	Sitz
grandir	wachsen
roux	rothaarig
s'appuyer contre	sich lehnen an
interroger	befragen
appartenir à qn	jmd. gehören

– Ah, d'accord. » dit simplement le jeune homme.
Puis il attend que Dumoulin sorte de la voiture et lui dise ce qu'il veut de lui. Il est grand et maigre, il a l'air d'avoir **grandi** trop vite. Ses cheveux sont **roux**, ses yeux très bleus.
Dumoulin **s'appuie contre** la portière de sa voiture.
« Madame Châtillon a dit que tu arrivais vers neuf heures et demie d'habitude. Tu étais en retard ce matin. Pourquoi ? **interroge-t-il**.
– J'ai aidé mon père à soigner une vache malade cette nuit, répond Benoît. Alors ma mère a décidé de me laisser dormir plus longtemps. Il précise : C'est toujours elle qui me réveille. Je n'ai même pas entendu l'alerte au feu, alors vous pensez ! Quand je dors, je dors ! »
Dumoulin hoche la tête.
Il continue de l'interroger.
« Il y avait trois clients ‹ Chez Marcel › tout à l'heure : ton père, Pascal Leroy et Jacques Bernardet. Je trouve bizarre que personne ne soit allé proposer son aide aux Châtillon, dit-il.
– Ah, eux !? Certainement pas ! s'exclame Benoît. Ils n'aiment pas les Châtillon. Leurs prés ! Leur forêt ! Leurs chemins ! Ils croient que tout leur **appartient** !

– Toi, tu préfères les chevaux !? affirme plus ou moins l'inspecteur qui connaît déjà la réponse.
– Oui, je les adore, **avoue** le jeune homme. Ils sont superbes ! Mon père, lui, il les déteste. On a des disputes terribles à cause de ça. Il n'est pas facile, vous savez…
– J'ai même l'impression qu'il a très, très mauvais caractère ! dit l'inspecteur, en pensant à ce qui s'est passé ‹ Chez Marcel › quelques temps plus tôt.
– Je crois qu'il est un peu jaloux des Châtillon, explique Benoît qui, regardant l'heure à sa montre, ajoute : D'ailleurs, j'ai manqué l'heure du déjeuner. **Ça va être ma fête** !

avouer	zugeben
ϟ Ça va être ma fête !	Ich werde was erleben!
puits *m*	Brunnen
rouquin *m*	Rothaariger

– Alors, file ! lui ordonne Dumoulin. Tu es en vacances, tu restes au village, n'est-ce pas ? veut-il quand même savoir avant que Benoît ne le quitte.
– Oui, je n'ai pas de cours en ce moment, confirme le jeune homme. On habite la grande maison neuve de l'autre côté du village, sur la route de Toulon sur Arroux. Il y a un **puits** devant. » crie-t-il encore à l'inspecteur en commençant à pédaler à toute vitesse. Dumoulin regarde Benoît et son VTT disparaître en direction du village. Il sourit : le jeune **rouquin** lui est sympathique.

Avant de reprendre la route, l'inspecteur décide de téléphoner à Delpierre.
« Tu es où, Roland ? demande-t-il sur son portable.
– Je suis dans ma voiture sur la place du village, répond son assistant. Je vous cherchais. J'ai pensé que vous seriez encore au café mais je vous ai manqué. Il explique : J'ai fait du porte à porte à la chasse aux informations. Le village est divisé en deux clans : ceux qui sont pour le maire et pour le changement, ceux

qui sont contre lui et pour que rien ne change. Vaches contre chevaux, cavaliers et touristes contre chasseurs.
– Jusqu'à présent, rien de nouveau, dit Dumoulin.
Roland continue :
– J'ai vérifié les **emplois du temps** que vous m'avez demandés, Inspecteur. À l'heure de l'incendie, le voisin direct des Châtillon, Pascal Leroy, était chez lui. On peut voir qu'il était sur Internet[i]. Bruno Maréchal, le père de Benoît, n'a pas d'alibi. Il était dans les prés avec son **tracteur** pour voir si toutes ses vaches allaient bien. Il n'a pas de **témoin**, semble-t-il. Et puis, pour la poudre à cartouches : j'ai demandé qui était le plus grand chasseur ici. C'est le garde forestier, Jacques Bernardet.

> Das Substantiv **Internet** wird im Französischen großgeschrieben. „Im Internet" heißt **sur Internet:**
>
> Il surfe souvent sur Internet.
> Er surft oft im Internet.

– Il était au café avec les autres au moment de l'apéro, dit Dumoulin. Lui et ses copains détestent les Châtillon.
– Par contre, Bernardet a un alibi. Il aidait à rentrer le foin à la ferme de son fils. Et personne n'a pu me dire s'il faisait ses cartouches lui-même. »
Dumoulin résume :
« Si je comprends bien, seul le père de Benoît n'a pas d'alibi pour le moment.
– Benoît n'a pas d'alibi non plus, corrige Delpierre.
– Benoît m'a pourtant dit qu'il dormait au moment de l'incendie. Il dit aussi que sa mère ne l'a pas réveillé parce qu'il a travaillé toute la nuit avec son père.

emploi *m* du temps	Tagesablauf
tracteur *m*	Traktor
témoin *m*	Zeuge

– Ah non, il ne dormait pas ! proteste Delpierre dans le téléphone. La boulangère l'a vu passer à vélo vers huit heures. Je n'ai pas pu interroger Benoît parce qu'il n'était plus chez lui. Par contre, j'ai interrogé sa mère. Et là, il y a un truc bizarre : elle affirme vraiment qu'il dormait au moment de l'incendie et qu'elle l'a réveillé très tard. Je me demande comment Benoît a pu passer devant la boulangerie à vélo à huit heures du matin en dormant sagement dans son lit.

– Bizarre, en effet ! s'exclame Dumoulin. Il semble que Benoît ait menti ! Je ne l'aurais pas cru car je le trouvais sympathique. Il réfléchit une seconde puis déclare : Bon. Et bien maintenant, il faut savoir pourquoi lui ou sa mère mentent, car je pense que la boulangère dit la vérité. »

Ensuite, l'inspecteur raconte à Delpierre que Maxime Châtillon et Josette Maréchal étaient fiancés autrefois et comment Maxime avait quitté Josette pour se marier avec Aline.

« C'est de l'histoire ancienne, fait le jeune Delpierre.

– Oui, évidemment, mais même Benoît pense que son père est jaloux des Châtillon.

truc *m*	Ding
vérité *f*	Wahrheit
suspect	verdächtig
assurance *f*	Versicherung
désillusionné	enttäuscht
faire un rapport	Bericht erstatten

– Les Châtillon sont suspects, eux aussi, fait penser Delpierre. Avec la prime de l'assurance, ils pourraient recommencer leurs vies ailleurs, fuir les conflits et les gens du village qui les détestent.

– C'est exact, dit Dumoulin. Je pense qu'ils sont assez désillusionnés, surtout Aline... Bon, finit-il par dire. Toi Roland, tu rentres au bureau faire ton rapport. Moi, je vais interroger Jules Maurois. C'est le beau-père de Bruno Maréchal, un vieux fou qui déteste les visites à ce qu'on m'a dit. »

Exercice 9 : Supprimez l'intrus. Welcher Ausdruck ist das „schwarze Schaf"? Unterstreichen Sie!

1. être en voiture faire du VTT rouler en tracteur faire du cheval
2. rester dans son lit ne pas se réveiller se lever dormir
3. mentir ne pas dire la vérité dire un mensonge penser
4. fiancé marié amour divorcé

Pour arriver chez Jules Maurois, il faut prendre un chemin à travers les arbres. Une haie de ronces protège le domaine, chose typique dans la région. Dumoulin ne peut pas aller en voiture jusqu'au portail car Maurois a bloqué le chemin avec des branches d'arbres. L'inspecteur continue à pied.

Dans le portail de bois haut et fermé, la fente de la boîte à lettres s'ouvre brusquement.

« Halte ! crie une voix à travers l'ouverture. Défense d'entrer sinon je tire ! »

« Mince, ce vieux fou ne va pas me recevoir ! » pense Dumoulin, ignorant cependant l'ordre donné. Il fait encore deux pas dans la direction du portail en lui parlant calmement.

haie *f*	Hecke
ronce *f*	Brombeerstrauch
portail *m*	Tor
fente *f*	Schlitz
tirer	*hier:* schießen

« Inspecteur Dumoulin, se présente-t-il. Monsieur Maurois, je voudrais vous parler à propos de…
– Inspecteur ou pas inspecteur, je sais très bien ce que vous voulez ! Et moi, je vous dis de filer immédiatement ! » crie le vieux Maurois sans écouter ce que l'inspecteur veut lui dire.
Et pour prouver qu'il parle sérieusement, le canon de son fusil de chasse apparaît par la fente de la boîte aux lettres.

canon *m*	Gewehrlauf
se mettre en sécurité	sich in Sicherheit bringen
menacer	drohen
coup *m* de feu	Schuss
labo (laboratoire) *m*	Labor
conclure	abschließen

Aussitôt, Dumoulin se met en sécurité derrière un arbre.
« Monsieur Maurois, ce n'est pas ce que vous pensez… Je veux vous parler de votre fille Josette !
– Josette ?!? Qu'est-ce qu'elle vous a fait Josette ? Laissez-la tranquille, crie le vieux toujours aussi menaçant. Puis il ajoute sur un ton furieux : Si vous voulez faire votre travail correctement, c'est les Châtillon qu'il faut arrêter ! Laissez ma famille tranquille sinon vous ferez connaissance avec mon fusil ! »
La boîte aux lettres se referme avec un claquement et Dumoulin entend un coup de feu tiré en l'air.
« C'est trop dangereux. » se dit l'inspecteur qui préfère renoncer pour l'instant à interroger le vieux fou.
En rentrant au bureau, il apprend que les résultats du labo arriveraient seulement le lendemain.
Il raconte à Delpierre ce qui s'est passé chez Jules Maurois en concluant :
« Quel vieux fou, ce Maurois ! Il faudra lui prendre son fusil avant qu'il n'arrive quelque chose de grave. On peut bien dire : tel père, tel beau-fils ! Tous deux ont bien le même mauvais caractère ! »

Exercice 10 : Compréhension. Was bedeuten die Redewendungen? Kreuzen Sie die richtige Variante an!

1. Tel père, tel fils !
   a) ❐ Das ist sein Vater.
   b) ❐ Der Apfel fällt nicht weit vom Stamm.

2. se mettre en sécurité
   a) ❐ sich in in Sicherheit bringen
   b) ❐ sich absichern

3. Je vous dis de filer immédiatement.
   a) ❐ Sie sollten lieber schnell kommen.
   b) ❐ Sie sollten lieber schnell verschwinden.

4. avoir mauvais caractère
   a) ❐ mürrisch sein
   b) ❐ schlecht gelaunt sein

5. faire un rapport
   a) ❐ eine Beziehung haben
   b) ❐ berichten

4 L'incendiaire

Mercredi matin, Dumoulin arrive au bureau. Roland pianote à toute vitesse sur le clavier de son ordinateur.

Il lève les yeux.

«Bonjour Patron, bien dormi ? demande-t-il.

– Oui, merci. Bonjour Roland. »

L'inspecteur se laisse tomber sur sa chaise.

« Il fait de plus en plus lourd, remarque-t-il en démarrant son propre ordinateur pour lire ses messages.

– On dirait qu'il va faire de l'orage, fait Delpierre.

– Espérons-le ! s'exclame l'inspecteur. On aurait bien besoin d'un peu de fraîcheur ! »

Dumoulin sort ses papiers et demande à Delpierre:

« Tu as les résultats du labo ?

– Oui. Il y a des empreintes sur le sac. On ne sait pas encore à qui elles appartiennent malheureusement. Mais la poudre est une sorte spéciale produite par une entreprise familiale. On peut seulement la commander sur Internet. Et devinez qui en a commandé au village ?

– Roland ! J'ai horreur des devinettes, fait Dumoulin.

– Et bien, c'est Jules Maurois, le vieux fou !

– Hum, fait Dumoulin. Je n'ai pas pu l'interroger pour savoir

pianoter	klimpern
lourd	*hier:* schwül
orage *m*	Gewitter
avoir accès à qc	*hier:* zugreifen, auf etw. Zugriff haben

s'il avait un alibi. Il va falloir y envoyer un commando de police. Pour nous, c'est trop dangereux et pour tous ceux qui passent à côté de sa ferme.
– Je vais organiser ça, dit Delpierre.
Dumoulin remarque :
– Toute la famille Maréchal est suspecte. Ni le beau-père Jules Maurois, ni le beau-fils Bruno, ni le petit-fils Benoît n'ont d'alibi pour le moment. Quant à la mère, Josette : ou bien elle ne savait vraiment pas que son fils était sorti …
– Ou bien elle a menti en disant que son fils dormait encore, complète Delpierre. Elle n'a pas d'alibi sûr, non plus.
– Exactement, fait Dumoulin. Et tout ce petit monde a facilement accès à la poudre chez le vieux Maurois. C'est la même famille !
– À propos, Inspecteur, se rappelle Delpierre. Les empreintes de pneu que j'ai photographiées dans le bois, ce sont les mêmes que celles des pneus du VTT de Benoît. Il a des pneus très caractéristiques.
– Bon, écoute Roland ! décide alors l'inspecteur. Tu vas chercher cette boîte de poudre à cartouches chez Maurois avec un commando de police. Faites attention, il peut devenir dangereux. Tu vas au labo pour comparer les empreintes avec celles du sac poubelle. Moi, j'attends le retour de Maxime Châtillon.
– D'accord Chef, je m'en occupe ! »

Quelques temps plus tard, Maxime Châtillon entre dans le bureau. Dumoulin a l'impression de le connaître.
« Vous avez fait bon voyage ? lui demande-t-il.
– Oui, merci, répond Maxime. Mais vous parlez d'une mauvaise surprise à mon arrivée !!! » s'exclame-t-il.
Dumoulin hoche la tête car il comprend vraiment que le choc a dû être terrible.

Exercice 11 : La famille. **Entwirren Sie den Buchstabensalat und vervollständigen Sie die Sätze! Finden Sie das Lösungswort!**

1. Josette Maréchal est la eflil ☐ _ _ _ _ de Jules Maurois.
2. Bruno est le amir _ _ ☐ _ de Josette.
3. Maurois est le ubae-rèep _ _ _ _ - _ ☐ _ _ de Bruno.
4. Maxime a hérité la ferme de ses aprsetn _ _ ☐ _ _ _ _.
5. Benoît est le ietpt-lsfi _ ☐ _ _ _ - _ _ _ _ du vieux fou.

Lösung: Benoît n'a pas de _ _ _ _ _.

« Qui a pu mettre le feu, à votre avis ? demande-t-il. Vous avez une idée ?
– Non, aucune idée, répond Maxime. Ce n'est pas le grand amour entre nous et les gens du village. Mais ce ne sont pas des incendiaires, non plus.
– Je suis au courant de vos problèmes avec les agriculteurs et les chasseurs du village à cause de l'écurie, dit Dumoulin. Et puis vous deviez vous marier avec Josette Maréchal autrefois, n'est-ce pas ?
– Oui, répond Maxime Châtillon. Mais j'ai connu Aline pendant un voyage et j'ai vite remarqué qu'elle n'était pas seulement une

affaire de passage. Alors j'ai préféré rompre mes fiançailles. Mais Josette n'a pas attendu longtemps pour se marier avec Bruno.
– Josette Maréchal est heureuse d'après vous ? demande Dumoulin.
– Je ne sais pas, répond Maxime. Je l'espère pour elle. Je n'avais plus de contact avec le village car mes parents ne me parlaient plus. Ils ne sont même pas venus à mon mariage. Je suis revenu pour l'enterrement de mon père. Heureusement, je me suis réconcilié avec ma mère avant qu'elle meure, elle aussi. »
Maxime a parlé d'une voix triste. Il passe une main dans ses cheveux aux reflets roux. Et soudain Dumoulin sait où il a déjà vu le même geste, les mêmes yeux bleus, comme un air de famille.

être au courant de	über etw. Bescheid wissen
affaire *f* de passage	*hier:* Liebschaft, Liebelei
enterrement *m*	Beerdigung
se réconcilier	sich versöhnen
reflet *m*	Schimmer
air *m* de famille	Familienähnlichkeit

« Benoît est votre fils, n'est-ce pas ? » demande-t-il alors.
Maxime regarde l'inspecteur en hésitant une seconde.
« Je crois, oui, avoue-t-il finalement.
– Vous croyez ? s'étonne Dumoulin.
– Officiellement, Benoît est le fils de Bruno Maréchal. »
Cette réponse ne suffit pas à l'inspecteur.
« Depuis quand pensez-vous que Benoît pourrait être votre fils ? insiste-t-il.
Alors Maxime raconte :
– Un soir ma femme m'a dit : ‹ Nous avons de la chance avec ce Benoît. Il adore les chevaux et nos filles l'adorent. Moi aussi, je l'aime bien. De plus, vous deux, vous vous entendez drôlement bien. Il pourrait être ton fils. › Sur le moment, j'ai ri et j'ai affirmé qu'elle disait des bêtises.
– Mais cette idée ne vous lâchait plus, suppose l'inspecteur.

Exercice 12 : Vrai ou faux ? Welche Aussagen sind falsch? Markieren Sie!

1. L'enquête montre...
   a) ❒ que les empreintes de pneu dans le bois sont les empreintes du vélo de Benoît.
   b) ❒ que Jules Maurois a commandé de la poudre à cartouches sur Internet.
   c) ❒ qu'il n'y a pas d'empreintes sur le sac poubelle trouvé sur les lieux de l'incendie.

2. Maxime dit...
   a) ❒ que quelqu'un du village a sûrement mis le feu à l'écurie.
   b) ❒ qu'il ne croit pas que quelqu'un du village soit un incendiaire.
   c) ❒ que ses parents ne lui parlaient plus.

3. Maxime Châtillon et Benoît Maréchal...
   a) ❒ ont un air de famille.
   b) ❒ sont sûrement père et fils.
   c) ❒ sont des cousins éloignés.

4. Maxime...
   a) ❒ croit que Benoît est son fils.
   b) ❒ s'entend mal avec Benoît.
   c) ❒ dit que tout est très bien comme ça.

– En effet. J'ai commencé à observer Benoît discrètement. Pour la date de naissance, comment savoir ? Josette et Bruno se sont mariés très vite après mon départ. Le bébé est né l'année suivante. Il y a des bébés qui naissent prématurément. De plus, Benoît et moi, nous ne sommes pas les seuls rouquins ici. On est tous plus ou moins cousins éloignés dans le village.

prématurément	frühzeitig
éloigné	entfernt
posséder	besitzen

– Vous n'en avez pas parlé à Josette ? s'étonne Dumoulin.
– Non, avoue Maxime. J'ai pensé qu'il était préférable de laisser les choses comme elles étaient. »
Plus tard, se retrouvant seul, Dumoulin pense à Benoît et à Maxime. Il se dit que les villageois ont sûrement aussi remarqué leur air de famille. Dans ce cas, Josette Maréchal s'est retrouvée dans une situation impossible. Puis l'inspecteur pense à l'incendiaire. Il est certain que celui-ci porte le nom de Maréchal. Mais quel est son prénom ? Bruno ? Josette ? Benoît ? Ou bien Jules Maurois par vengeance personnelle avant de mourir ? Le vieux fou possède la poudre à cartouches, la question reste à savoir s'il a un alibi.
Dans l'après-midi, le téléphone sonne. C'est Delpierre qui a déjà les résultats des nouvelles empreintes.
« Comment est-ce que ça s'est passé chez le vieux Maurois ? demande Dumoulin.
– Tout s'est passé très rapidement, dit Delpierre. Les gars du commando connaissent leur métier. On l'a pris par surprise. Sans son fusil, il n'était plus dangereux. Et tout ça pour presque rien finalement, ajoute-t-il. Maurois a un alibi. Il est malade, c'est pourquoi une infirmière passe chez lui tous les matins.
– Il la laisse entrer, elle ? demande Dumoulin en riant.
– Oui, répond Delpierre. C'est une cousine éloignée, alors !

– Ah, d'accord ! Tu as vérifié son alibi ? demande l'inspecteur.
– Oui bien sûr, répond Delpierre. J'ai parlé avec l'infirmière. Elle est bien venue vers huit heures. »

Exercice 13 : Pronoms démonstratifs. Lesen Sie weiter und setzen Sie die passenden Demonstrativpronomen in die Lücken ein!

celui   celle   ceux   celles

Après une pause, Roland Delpierre ajoute :

« On a trouvé la boîte de poudre dans l'atelier de Maurois et des sacs poubelle en papier marron, vous savez, comme 1. ________ qu'on utilise pour les déchets biologiques. Il manquait un seul sac poubelle dans le paquet : 2. ________ qu'on a trouvé sur les lieux de l'incendie.

– Voilà une découverte intéressante, fait l'inspecteur.

– Oui, répond l'assistant. De plus, il y a les empreintes de Josette Maréchal sur la boîte.

– Quelle boîte ? veut savoir l'inspecteur.

– 3. ________ de la poudre à cartouches, répond Delpierre. Et bien, ajoute-t-il, les empreintes sur le sac poubelle perdu par l'incendiaire et les empreintes sur la boîte de poudre à cartouches du vieux Maurois sont 4. ________ de Josette Maréchal !

– Bon travail, Delpierre, le complimente Dumoulin qui est quand même surpris de la rapidité des résultats. Il demande : Comment as-tu fait pour avoir si vite les résultats du labo ?
– J'ai apporté des chocolats à la nouvelle assistante, répond Delpierre fièrement[i]. Elle est mignonne et très gentille. »

Fièrement ist das Adverb zum Adjektiv **fier**. Das Adverb wird gebildet, indem an die weibliche Form die Endung **-ment** angehängt wird.

Dumoulin rit car son assistant est joli garçon mais n'ose pas parler aux filles, normalement.
« Chapeau Roland ! dit-il en riant. On va bientôt fêter ton mariage, si tu commences à offrir des chocolats aux demoiselles !
– Patron !!! s'énerve Delpierre. C'était seulement une boîte de chocolats, pas un rendez-vous !
– D'accord, d'accord ! accepte Dumoulin. Puis redevenant aussitôt sérieux, il déclare : Et bien moi, je vais chez les Maréchal maintenant, Il est temps que j'arrête un incendiaire. »

5 Arrestation

L'inspecteur gare sa voiture à côté du puits devant la maison des Maréchal. Il a téléphoné et demandé que tout la famille soit présente à son arrivée. Josette Maréchal vient lui ouvrir. C'est une petite femme brune à l'air triste.
L'inspecteur la salue et demande si son fils et son mari sont là.
« Oui, ils vous attendent, répond-elle. Entrez, je vous prie ! »
Benoît et son père sont assis face à face à la table de la cuisine. Tous deux se taisent. Benoît regarde fixement devant lui. On voit que le père et le fils se sont encore disputés. Bruno Maréchal est surpris quand il voit entrer l'inspecteur. La veille au café, il l'avait pris pour un représentant de commerce.
Dumoulin salue.
« Je voudrais vous parler à tous les trois parce que j'espère que vous pourrez m'aider dans mon enquête, commence-t-il. Il y a quelques points qui ne sont pas clairs. »
Toute la famille Maréchal attend en silence que l'inspecteur continue. Personne ne pense à lui demander de s'asseoir.
Alors, restant debout, Dumoulin dit :
« Toi, Benoît, on t'a vu passer à vélo devant la boulangerie au moment de l'incendie. Tu dis que tu dormais à cette heure-là.
L'inspecteur se tourne aussitôt vers Josette : Et s'il ne dormait pas, Madame, vous aussi, vous avez menti !
– Mais non ! s'exclame la mère. Je n'ai pas menti. Benoît était bien dans son lit...

– Non, maman ! avoue alors Benoît. Je ne dormais pas.
– Tu ne dormais pas ?!? fait Josette, l'air complètement surpris. Mais c'est moi qui t'ai réveillé ! »
Dumoulin s'adresse à Benoît.
Il affirme :
« Tu es allé dans le bois avec ton vélo au moment de l'incendie, on y a retrouvé les empreintes de pneus de ton VTT. »

brun	braunhaarig, brünett
face à face	gegenüber
veille *f*	Vortag
affirmativement	bejahend
complice *m*	Komplize

Benoît hoche la tête affirmativement.
Bruno Maréchal fixe son fils d'un air étonné, mais ne dit rien.
« Mais je n'ai rien fait ! s'écrie alors Benoît. Il faut me croire ! Ce n'est pas moi qui ai mis le feu !
– C'est possible. Mais alors, tu sais qui est l'incendiaire et si tu ne dis rien, tu es son complice. » remarque Dumoulin pour lui faire peur.
Benoît choisit quand même de ne plus rien dire.

Exercice 14 : Combinez ! Verbinden Sie die zusammengehörigen Begriffe!

1. ☐ l'incendie	a) à table
2. ☐ se taire	b) les pneus
3. ☐ le représentant	c) s'asseoir
4. ☐ le vélo	d) le feu
5. ☐ la cuisine	e) le commerce
6. ☐ debout	f) le silence

L'inspecteur s'adresse alors à Josette :
« Madame, une chose est sûre : Benoît ne dormait pas. Je pense que, depuis la fenêtre de sa chambre, il vous a vue partir à travers la campagne en direction de l'écurie, à pied ou à vélo, je ne sais pas. Ça l'a surpris et il vous a suivie sur son VTT.
– Ah ! s'exclame la mère. D'abord, Benoît, maintenant, moi ! Vous pensez que nous sommes tous des incendiaires, c'est ça ? Pourquoi pas mon mari ou mon père, ou même toute la famille ensemble ? demande-t-elle sur un ton légèrement agressif.
– J'y ai pensé, reconnaît Dumoulin. Mais j'avoue que vous êtes ma suspecte numéro un. Sur le lieu de l'incendie, nous avons trouvé un sac poubelle avec vos empreintes. Il contenait la poudre à cartouches que l'incendiaire a utilisée pour mettre le feu. De plus, vos empreintes se trouvent aussi sur la boîte de poudre que nous avons trouvée dans l'atelier de votre père.
Josette le regarde avec l'air de ne rien comprendre.
– Un sac poubelle avec mes empreintes ? De la poudre à cartouches ? »
La surprise de la mère semble tellement réelle que Dumoulin n'est plus du tout sûr de lui.
« C'est normal que mes empreintes soient partout chez mon père explique Josette. C'est moi qui **fait son ménage**. Je vais aussi quelquefois dans son atelier. Je ne fais pas attention où je mets les mains, vous savez. »

faire le ménage — putzen

Benoît s'est rapproché de sa mère et la prend dans ses bras pour la protéger des attaques de l'inspecteur.
« Laissez ma mère tranquille, elle n'a rien fait ! » crie-t-il furieusement, en cherchant du regard l'aide de son père qui ne réagit pas.
Dumoulin ignore le jeune homme en colère.
« Madame Maréchal ! insiste-t-il. Cela vous faisait mal de voir Benoît et son vrai père ensemble. Vous vouliez chasser les Châtillon du village. La poudre était peut-être même une idée de

votre père. Mais manque de chance, vous avez perdu le sac poubelle avec le reste de poudre et vos empreintes. »
Alors Maréchal se lève lentement et prend enfin la parole.
Il répète les mots de son fils :
« Laissez ma femme tranquille, elle n'a absolument rien fait. Puis il avoue : C'est moi qui ai mis le feu ! »
Josette Maréchal est choquée.
« Toi ?! s'écrie-t-elle. Ce n'est pas vrai. »
Le fils ne dit rien. Alors Dumoulin pense : « Benoît le savait depuis le début. »
Bruno Maréchal explique :
« Je cherchais quelque chose de pratique pour transporter la poudre, les sacs poubelle se trouvaient aussi dans l'atelier de mon beau-père. »

Exercice 15 : Les expressions de temps. Übersetzen Sie die Zeitangaben und lösen Sie das Kreuzworträtsel!

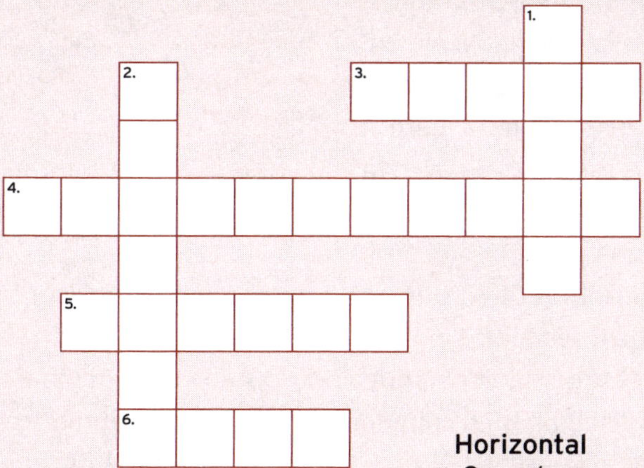

Horizontal
3. vorher
4. manchmal
5. am Vortag: la ...
6. spät

Vertikal
1. endlich
2. gegenwärtig: à ...

Dumoulin ne s'attendait pas à ce que Bruno Maréchal avoue.
« Et vos empreintes, demande-t-il. Elles ne sont ni sur le sac, ni sur la boîte de poudre à cartouches.
– J'ai mis des gants jetables, explique Maréchal. Je les avais encore sur moi après avoir soigné la vache malade… un réflexe idiot de vrai criminel… Il rit d'un rire sarcastique et continue: Parce que je n'avais pas l'intention de perdre le sac…
– Mais tu es un vrai criminel ! crie alors Benoît en regardant son père d'un air furieux. Tu as mis le feu à MON écurie !
– …c'est pour ça qu'il n'y a pas mes empreintes sur le sac, continue d'expliquer Bruno Maréchal sans s'occuper de la remarque de son fils. J'étais énervé, je n'ai pas pensé une seconde aux empreintes de Josette ou d'autres.
– Pourquoi avoir utilisé de la poudre à cartouches ? demande Dumoulin. Ce n'était pas nécessaire pour que tout brûle.
– Oui, je sais, dit Maréchal. C'était une idée fixe. J'y pensais tous les jours un peu plus. À chaque fois que je voyais les regards moqueurs des autres au village, j'avais envie de mettre le feu à tout ça. Quand j'étais enfant, mon père a dit : ne joue jamais avec la poudre à cartouches ! Ça ne pardonne pas. Ça flambe !

gant *m* jetable	Einweghandschuh
flamber	flammen, lodern
surprendre une conversation	eine Unterhaltung zufällig mithören
casser	zerstören, kaputtmachen
calcul *m*	Berechnung

– Mais pourquoi ? Pourquoi ? demande Josette en pleurant, la tête entre ses mains.
– C'est toi qui me demandes pourquoi ?! répond Maréchal brusquement. Puis plus calmement mais froidement, il essaie d'expliquer son geste : Tu me mens depuis dix-huit ans. Tout le monde au village savait que Benoît était le fils de Maxime, sauf moi. Jusqu'au jour où Maxime est revenu. J'ai surpris les conversations derrière mon dos. Ça m'a ouvert les yeux !

– Tu as tout cassé ! crie la femme entre ses larmes.
– C'est toi qui a tout cassé, riposte Bruno. Toutes ces années passées à me mentir ! Je t'aimais tellement, je t'aurais épousée même si tu m'avais dit la vérité. »
Dumoulin regarde Benoît.
« Et toi dans tout ça ? lui demande-t-il.
– J'étais au courant de tout, avoue le jeune homme. J'ai surpris une conversation au village. Ils riaient et disaient que Maxime et moi, nous avions comme un air de famille. Alors j'ai fait un petit calcul pour ma date de naissance et j'ai tout compris... »
Dumoulin comprend la suite :
« Et tu as vu ton père jouer l'incendiaire, n'est-ce pas ?
– Oui. Je me suis réveillé seul. Je voulais travailler avec papa avant d'aller à l'écurie, raconte Benoît, alors je suis tout de suite parti à VTT. Maman ne m'a pas vu partir et moi, je ne lui ai rien dit. Je savais que papa allait faire son tour habituel. J'ai trouvé son tracteur sur le chemin de l'autre côté du bois. J'ai pensé qu'une vache était entrée dans le bois. Alors j'ai voulu l'aider à l'attraper. Quand je l'ai trouvé, papa était en train de regarder les flammes qui sortaient du toit de l'écurie. Il avait un regard fou. J'ai compris ce qu'il avait fait, mais je ne voulais pas qu'il me voie. »

Exercice 16 : Démêlez la phrase. Lesen Sie weiter und bringen Sie die Wörter in die richtige Reihenfolge!

détruire l'écurie | comment Benoît | se demande | a pu | l'inspecteur | laisser le feu

« Et tu n'as rien fait pour arrêter le feu ? demande Dumoulin.
– Non, avoue tristement Benoît. Je ne pouvais rien faire à cause de mon père, explique-t-il. Et puis, j'ai entendu la voiture d'Aline

qui arrivait. Je savais qu'elle allait prévenir les pompiers. Alors je suis rentré sans bruit et j'ai attendu que ma mère me réveille normalement. Je ne voulais pas qu'elle s'inquiète. »
Maréchal a l'air très malheureux.
« Je ne savais pas que tu étais là, murmure-t-il en regardant son fils. Tu étais toujours chez les Châtillon, alors, moi... j'avais peur de te perdre. »
Alors, comme un petit garçon qui aime son père, Benoît se jette dans les bras de Bruno Maréchal en s'écriant :

prévenir qn	jmd. verständigen
murmurer	murmeln, flüstern
repousser	wegschieben
tonnerre *m*	Donner
éclair *m*	Blitz

« Mais papa ! Maxime, c'est comme un ami. C'est toi mon vrai père ! »
Le père repousse gentiment son fils qu'il regarde droit dans les yeux.
« C'est trop tard, dit-il tristement. J'ai été bête, le mal est fait. Et toi, tu dois t'occuper de ta mère. Les copains vont t'aider pour le travail à la ferme en attendant que je revienne. Il se tourne vers sa femme et dit : Pardon Josette. »
Madame Maréchal ne réagit pas. Dumoulin voit bien que le père de famille regrette son acte et il se demande qui doit finalement pardonner et à qui.
Bruno Maréchal monte dans la voiture de l'inspecteur. Devant la maison, Josette pleure dans les bras de son fils. Brusquement, un grand coup de tonnerre rompt le silence. Il est aussitôt suivi par des éclairs et une forte pluie.
« Delpierre avait raison, pense Dumoulin en offrant son visage à cette pluie fraîche très attendue. Le temps était à l'orage. La pluie éteint le feu, même le feu des passions. »

Enlèvement dans la ville rose

Dr. Aleth Gaulon

1 Avis de kidnapping

« Claire, apportez-moi un jambon-beurre et un double expresso !
– Tout de suite, Monsieur le Commissaire. »
Il est treize heures. Aujourd'hui, le commissaire Montagnac n'a pas le temps d'aller déjeuner. Il va devoir se contenter d'un sandwich. Il n'a plus qu'une heure pour mettre de l'ordre dans ses dossiers.
Le commissaire Montagnac dirige le commissariat de police judiciaire de Toulouse. Il se situe dans le centre-ville, près du Capitole, le célèbre bâtiment qui **abrite** la mairie et l'un des plus beaux théâtres de France, et de la grande place du même nom.
Montagnac n'est pas très grand, mais avec ses larges épaules, ses yeux sombres, sa grosse **moustache**, ses cheveux courts et **grisonnants** et surtout sa voix forte et **caverneuse**, il est très imposant. Autoritaire aussi. Et si les gens ont parfois un peu peur de lui, ils le respectent beaucoup. Il faut dire que le commissaire Montagnac **compte parmi** les meilleurs commissaires de police judiciaire de la région, peut-être même de France. Il a résolu des affaires très complexes **avec brio**.

avis *m*	*hier:* Mitteilung
abriter	*hier:* beherbergen; bergen
moustache *f*	Schnurrbart
grisonnant	grau meliert
caverneux	*hier:* sehr tief, klangvoll
compter parmi	gehören zu
avec brio	mit Bravour

Quelques minutes plus tard, on frappe à la porte du bureau.
« Entrez ! » dit le commissaire.
C'est Claire. C'est la standardiste. Mais elle sert aussi de réceptionniste et d'assistante. Bref, c'est un peu la personne à tout faire du commissariat.
« Voilà votre sandwich et votre café, Monsieur le Commissaire. Ils viennent de votre boulangerie préférée.
– Merci. Dites-moi, Claire, dit le commissaire, notre petit nouveau arrive à quatorze heures, c'est bien ça ?
– Tout à fait.
– Et comment est-ce qu'il s'appelle, déjà ?
– Émion. C'est le lieutenant Émion.
– Lieutenant-stagiaire, Claire! Bon, très bien. Appelez-moi quand il arrive !
– C'est entendu, Monsieur le Commissaire. »

standardiste *f*	Telefonistin
personne *f* à tout faire	Alleskönner, Alleskönnerin
stagiaire *m*	Referendar, Praktikant
C'est entendu !	Einverstanden!, Abgemacht!
croquer	abbeißen
casse-croute *m*	Imbiss, belegtes Brot
apprenti *m*	Lehrling
stage *m*	Praktikum
promettre	versprechen

La jeune femme quitte le bureau. Le commissaire croque son casse-croute et regarde sa montre. Il est maintenant treize heures dix. Il a donc encore cinquante minutes pour mettre de l'ordre dans ses affaires. C'est qu'il veut faire bonne impression au jeune apprenti-policier. Il s'agit d'un élève de l'École Nationale Supérieure des Officiers de Police. Après six mois de formation théorique en région parisienne, le jeune homme a été nommé lieutenant-stagiaire et doit faire un stage de quatre mois dans un commissariat de police. Le commissaire Montagnac est un vieil ami du directeur de cette école et il lui a promis de s'occuper personnellement du jeune stagiaire.

Exercice 1 : Les nombres. Schreiben Sie die Zahlen in Buchstaben!

1. 13 : ______________________
2. 19 : ______________________
3. 27 : ______________________
4. 71 : ______________________
5. 88 : ______________________
6. 146 : ______________________

À quatorze heures pile, le téléphone sonne. Le commissaire décroche.

« Allô, oui ?

– Le lieutenant-stagiaire Émion est arrivé, Monsieur le Commissaire, dit Claire.

– Très bien, j'arrive ! »

Le commissaire Montagnac met sa **casquette** blanche, sort de son bureau et **se dirige vers** l'accueil du commissariat. Il aperçoit bientôt un jeune homme grand et **mince**, presque maigre dans son uniforme bleu de service trop large pour lui. Il a le **nez** légèrement **en trompette**, les yeux clairs et la peau de son visage est **lisse** et pâle. Un petit sac de voyage est posé à ses pieds.

Le commissaire lui **tend la main** :

« Je suis le commissaire Montagnac.

casquette *f*	Schirmmütze
se diriger vers qc	auf jmd./etw. zugehen
mince	dünn, schlank
nez *m* en trompette	Himmelfahrtsnase, Stupsnase
lisse	glatt, geglättet
tendre la main à qn	jmd. die Hand geben

– Émion. Lieutenant-stagiaire Émion. Enchanté, Monsieur le Commissaire, répond-il d'une petite voix timide.
– Vous avez fait bon voyage ?
– Oui, commissaire.
– Vous connaissez Toulouse ?
– Non, commissaire. Je suis ici pour la première fois.
– Vous êtes originaire de quelle région ?
– De Paris.
– Alors bienvenue dans le sud ! Je suis sûr que notre belle ville rose va vous plaire. Venez, je vais vous faire visiter les lieux ! »
À ce moment-là, un homme et une femme qui ont l'air un peu affolé, entrent dans le commissariat.
« Au secours ! C'est très grave ! C'est notre fils... Aidez-nous, s'il vous plaît ! s'écrie la dame.

timide	schüchtern
être originaire de	stammen aus
affolé	überstürzt, erschrocken
Au secours !	Hilfe!
disponible	verfügbar
intervention *f*	*hier:* Einsatz, Eingriff
hésitant	zögerlich, unentschlossen

– Du calme, messieurs dames, je vous en prie. Qu'est-ce qui se passe ? demande la standardiste.
– On a kidnappé notre fils ! Regardez ! dit l'homme en montrant une lettre.
– Quelqu'un va s'occuper de vous tout de suite ! »
Mais personne n'est disponible. Tous les capitaines et lieutenants sont soit occupés soit en intervention. La standardiste lance un regard hésitant au commissaire.
Le commissaire Montagnac s'approche alors du couple.
« Bonjour messieurs dames, dit-il. C'est moi qui dirige ce commissariat. Je vais vous aider. Venez dans mon bureau et racontez-moi les faits. Émion, vous venez aussi ! »

Exercice 2 : Le présent. **Lesen Sie weiter und fügen Sie das passende Verb im Präsens ein!**

vendre être habiter fabriquer s'appeler commencer

Quand tout le monde est installé dans le bureau du commissaire, le couple **1.** ________ à raconter, avec l'accent mélodieux du sud de la France. Ils **2.** ________ monsieur et madame Corniol. Ils **3.** ________ dans un petit village à quelques kilomètres de Toulouse. Ils **élèvent** des animaux et **4.** ________ des produits régionaux qu'ils **5.** ________ sur les marchés. Ce matin, ils sont venus au centre-ville comme chaque lundi sur le marché du boulevard de Strasbourg pour vendre des fromages de **chèvre**, des **pâtés** de **volaille** aux truffes, du foie gras et des spécialités à la **violette** qui **6.** ________ le symbole de la ville, des pâtisseries, des confitures et des liqueurs.

élever	*hier:* züchten
chèvre *f*	Ziege
pâté *m*	Pastete
volaille *f*	Geflügel
violette *f*	Veilchen
marchandise *f*	Ware
camionnette *f*	Kleintransporter
siège *m* conducteur	Fahrersitz
glisser dans qc	in etw. stecken, in etw. schieben

À la fin du marché, vers treize heures, ils ont rangé leurs marchandises dans leur camionnette garée à quelques dizaines de mètres de leur stand, près de la place Jeanne d'Arc. Et qu'est-ce qu'ils ont trouvé sur le siège conducteur ? Une lettre. Quelqu'un l'a sûrement glissée par la vitre restée entrouverte.

« Tenez, voilà la lettre, dit monsieur Corniol en la donnant au commissaire. Vous pouvez la lire. »

Le commissaire prend la lettre. À voix haute, il lit le message écrit avec des lettres découpées dans un journal et collées sur du papier blanc ordinaire :

« Si vous voulez revoir votre fils vivant, déposez demain à dix-huit heures un million d'euros en espèces dans le parking du Capitole au deuxième niveau à l'emplacement quarante-sept.

– Une demande de rançon ! C'est un enlèvement ! s'écrie le lieutenant-stagiaire.

– On dirait, en effet dit le commissaire.

– Le problème, c'est que nous n'avons pas une telle somme d'argent ! se lamente la mère.

– Pas de panique, on va voir. Avez-vous des ennemis ? Des problèmes avec quelqu'un en particulier ?

vitre *f*	Scheibe
entrouvert	halb offen
découper	ausschneiden
coller	kleben
en espèces *f pl*	in bar
emplacement *m*	Standplatz
rançon *f*	Lösegeld
enlèvement *m*	Entführung
ennemi *m*	Feind
en particulier	im Besonderen

– Non, sauf peut-être une petite querelle avec Chavez, un exposant concurrent à propos d'un emplacement sur le marché. La dernière fois, il nous a dit qu'il n'allait pas se laisser faire !

querelle *f*	Streit, Zank
exposant *m*	Aussteller
se laisser faire	sich etw. gefallen lassen
menace *f*	Bedrohung
studio *m*	Einzimmerwohnung

– Presque une menace, donc. C'est intéressant, répond le commissaire. Mais dites-moi : quel âge a votre fils ?
– Il a vingt-cinq ans.
– Il n'habite plus à la maison, continue le père. Il habite dans un petit studio, au bord de la Garonne. Oui, il a presque fini ses études à l'École des beaux-arts, ici à Toulouse.
– Avez-vous essayé de le contacter ? demande le commissaire.
– Bien sûr, nous l'avons appelé sur son portable, mais il n'a pas répondu. Nous avons laissé plusieurs messages. Nous avons aussi téléphoné à sa petite amie, mais il n'était pas avec elle. Nous sommes allés chez lui, mais il n'y avait personne. Et nous sommes même allés à l'École des beaux-arts. Il devait passer son dernier examen ce matin. Mais il n'y est pas allé puisqu'il a été kidnappé…
– Ensuite nous sommes venus directement ici, au commissariat, dit la dame. Oh Monsieur le Commissaire, sauvez notre fils, je vous en prie… »
À ce moment, le téléphone sonne. Le commissaire répond.
« Oui Claire. Comment ? Delaboissière ? Anne-Sophie Delaboissière ? Bon, j'arrive ! »
Il raccroche le combiné.
« Delaboissière, Delaboissière… Ce n'est pas le nom du propriétaire du club de rugby ?
– Si, c'est exact ! Et Anne-Sophie, c'est sa fille unique et c'est aussi la fiancée de notre fils Thomas…

– Mon mari veut dire : c'est presque la fiancée de Thomas : les fiançailles doivent avoir lieu samedi prochain ! »
Le commissaire se lève.
« Émion, dit-il, je m'occupe de la fiancée. Je vous laisse taper le procès-verbal de monsieur et madame Corniol.
– Euh... tout seul ? demande le stagiaire.
– Mais bien sûr, vous êtes capable de cela, non ? Messieurs dames, dit le commissaire, je vous salue. Et ne vous inquiétez pas, nous prenons l'affaire en main. »

fiançailles *f pl*	Verlobung
avoir lieu	stattfinden
taper	*hier:* tippen
procès-verbal *m*	Protokoll
capable	fähig
larme *f*	Träne

Exercice 3 : Supprimez l'intrus. Welches Wort ist das „schwarze Schaf"? Unterstreichen Sie das nicht in die Reihe passende Wort!

1. nez épaule main chèvre
2. père fille concurrent fiancé
3. policier boulangerie facteur vétérinaire
4. lieu marché place centre-ville
5. croquer particulier kidnapper garer

À l'accueil, le commissaire Montagnac trouve une jolie jeune femme blonde en larmes. Avec beaucoup de difficultés, elle lui explique qu'elle vient d'obtenir son diplôme de Commerce et qu'après leurs fiançailles, Thomas et elle ont l'intention

d'emménager ensemble et d'ouvrir une galerie d'art : il s'occupera du côté artistique et elle, du marketing. Elle dit aussi qu'ils se sont vus la veille, chez ses parents où elle habite encore, et que le jeune homme est reparti chez lui vers quinze heures pour réviser son dernier examen. Elle, elle a passé l'après-midi avec sa meilleure amie.
« Pourquoi est-ce que je ne suis pas restée avec lui ? » regrette-t-elle.
Avant de signer sa déposition, la jeune fille donne une photo de son petit ami aux policiers, et elle précise que ses parents sont riches et qu'ils peuvent payer la rançon.
« Mademoiselle, lui répond le commissaire, la police cède rarement au chantage des malfaiteurs. Mais je vous promets que nous allons faire de notre mieux. Rentrez chez vous et préparez la fête. Nous nous occupons de retrouver votre futur fiancé. »

emménager ensemble	zusammenziehen
veille *f*	Vortag
réviser	lernen, wiederholen
déposition *f*	Aussage
céder	nachgeben
chantage *m*	Erpressung
malfaiteur *m*	Übeltäter

Après le départ de la fiancée et des parents de la victime, Montagnac retrouve le stagiaire.
« Alors, Émion, tout s'est bien passé ? demande-t-il.
– Ça va, oui. Mais le plus difficile, c'était de comprendre les gens. Ils ont un accent vraiment spécial...
– L'accent de Toulouse, oui! Tout le monde ou presque parle comme ça, ici. Il faut vous habituer ! »
Le jeune lieutenant-stagiaire ne répond rien mais on peut lire sur son visage qu'il est un peu perplexe.
Comme le veut la procédure, le commissaire faxe le procès-verbal au procureur. Puis les deux policiers se mettent à réfléchir

aux mobiles possibles de cet enlèvement : besoin d'argent ? Vengeance personnelle contre la victime ou contre ses parents? Volonté d'empêcher les fiançailles ? Ils commencent aussi à faire la liste des personnes à interroger.
Il est plus de vingt heures quand le procureur appelle le commissaire pour lui donner l'autorisation de mener l'enquête.
« Il faut absolument retrouver la victime et les ravisseurs le plus vite possible. J'ai contacté le juge d'instruction. Il vous donne une commission rogatoire. Nous comptons sur vous, Montagnac ! dit-il.
– Oui, Monsieur le Procureur. Vous pouvez compter sur moi ! »
Quand il a raccroché, le commissaire se tourne vers le lieutenant-stagiaire :
« Émion, vous allez m'assister dans cette enquête. Je vous attends demain matin à sept heures, c'est compris ?
– C'est compris, commissaire.
– Bon, Claire vous a réservé une chambre dans une pension pas très loin d'ici. Prenez votre valise, je vais vous y accompagner. »
Il est presque vingt et une heures quand les deux hommes sortent du commissariat. Dehors, l'air est chaud et quelques rayons de soleil viennent encore caresser les façades des bâtiments qui sont tous construits avec des briques roses, d'où le nom de la « ville rose ».
« J'aime ces longues journées de la fin du mois de juin. » dit le commissaire pendant que le jeune lieutenant-stagiaire photographie les rues.

mobile *m*	Motiv
vengeance *f*	Rache
interroger	befragen
ravisseur *m*	Entführer
juge *m* d'instruction	Ermittlungs-richter
commission *f* rogatoire	Rechtshilfe-ersuchen
brique *f*	Backstein, Ziegelstein

Ils passent devant la terrasse d'un restaurant. Sur les tables, les assiettes sont très appétissantes.

« Mais c'est que nous n'avons pas diné ! s'écrie Montagnac. Venez, Émion, je vous invite. Vous devez absolument goûter notre bonne cuisine toulousaine ! »

Exercice 4 : Compréhension. Sind die folgenden Aussagen richtig? Markieren Sie mit richtig ✓ oder falsch – !

1. Monsieur et madame Delaboissière ont un seul enfant. ❐
2. Anne-Sophie Delaboissière et Thomas Corniol habitent ensemble dans un appartement. ❐
3. Le lieutenant-stagiaire Émion ne comprend pas très bien la façon de parler des habitants de Toulouse. ❐
4. Le procureur téléphone au commissaire après huit heures du soir. ❐
5. Le commissaire invite le lieutenant-stagiaire à dormir chez lui. ❐
6. On appelle Toulouse la « ville rose » parce qu'il y fait toujours très beau. ❐

2 Enquête et interrogatoires

Mardi matin, sept heures. Le lieutenant-stagiaire arrive au commissariat. Il porte une sacoche noire en bandoulière. Le commissaire est dans son bureau depuis plus d'une heure déjà. Plusieurs autres policiers sont avec lui.

« Messieurs, dit-il, la vie d'un homme est peut-être en danger. Nous devons le retrouver vivant au plus vite. Ainsi que ses ravisseurs. Lieutenant Legrain, vous avez examiné la demande de rançon ?

– Oui, commissaire.

– Avez-vous trouvé des empreintes ?

interrogatoire *m*	Vernehmung
sacoche *f*	Satteltasche
en bandoulière *f*	umgehängt, über die Schulter gehängt
empreinte *f*	(Finger-)Abdruck
gant *m*	Handschuh
avoir affaire à qn/qc	es mit jmd./etw. zu tun haben

– Non, aucune empreinte, commissaire. La personne a certainement utilisé des gants en plastique.

– Nous avons peut-être affaire à des professionnels ?

– Pas obligatoirement. Tout le monde regarde des séries policières à la télévision aujourd'hui, et tout le monde sait qu'il faut mettre des gants ! Mais j'ai remarqué quelque chose : les lettres ont été choisies et collées de manière très harmonieuse en fonction de leur forme et de leur couleur. C'est plutôt rare ! »

Sans rien dire, le lieutenant-stagiaire Émion sort son appareil-photo numérique de sa sacoche et prend plusieurs photos de la lettre.

« Alors nous avons peut-être affaire à un artiste, continue le commissaire comme si de rien n'était. Mais il ne faut négliger aucune piste. Fernandez, allez chez les parents de la victime et examinez le camion ! Vous, Morino, recherchez dans tous les fichiers s'il y a eu des cas d'enlèvements similaires dans la région dans les dernières années. Et vous, Dufour, essayez de localiser la victime grâce au signal de son téléphone portable. Tenez, voici son numéro. »
Le commissaire donne un morceau de papier au capitaine Dufour. Puis il décroche le combiné de son téléphone fixe.
« Claire, appelez immédiatement monsieur Chavez, le concurrent des Corniol, et convoquez-le ce matin au commissariat. Je veux l'interroger. »

comme si de rien n'était	als ob nichts gewesen wäre
négliger	vernachlässigen, versäumen
grâce à qn/qc	dank jmd./etw.
convoquer qn	jmd. kommen lassen, einladen

Un peu plus tard, monsieur Chavez se présente au commissariat. Il ne comprend pas pourquoi on lui a demandé de venir ici. Il dit qu'il est pressé, qu'il doit travailler. Le commissaire le fait entrer dans son bureau pour l'interroger.
L'interrogatoire dure plus d'une heure et demie. Monsieur Chavez reconnaît qu'il vend des produits régionaux sur les marchés de Toulouse et dans les alentours et qu'il connaît les Corniol, mais il nie la dispute au sujet de l'emplacement sur le marché et la menace. Mieux encore : il affirme qu'il ne savait même pas que les Corniol (i) avaient un fils. Quand le commissaire lui demande ce qu'il faisait dimanche après-midi, il répond :
« Je pêchais dans le canal du midi, à Ramonville, près du port. J'étais seul mais beaucoup de promeneurs ont pu me voir.
– Très bien, Monsieur Chavez, dit le commissaire. Nous allons vérifier votre alibi ! Et nous allons aussi prendre vos empreintes digitales ! »

Obwohl von der Familie im Plural die Rede ist, bleibt der Nachname unverändert: Les Corniol - die Corniols.

Il est presque treize heures quand monsieur Chavez quitte le commissariat. Le commissaire propose au lieutenant-stagiaire d'aller faire une pause-déjeuner.
« Merci, commissaire, répond-il, mais j'ai un peu mal au ventre et je ne peux rien manger : le cassoulet d'hier soir était vraiment copieux... »
Montagnac quitte son bureau. Il se dit que ce jeune Parisien est bien fragile. Peu importe, lui, il a besoin de manger quelque chose !

Exercice 5 : Définitions. Finden Sie im vorangehenden Textabschnitt die beschriebenen Vokabeln!

1. Qui est de même nature, presque identique :

   ____

2. Poser des questions à quelqu'un :

   ____

3. Marques laissées par la peau des doigts :

   ____

4. Temps libre réservé au repas de midi :

   ____

5. Spécialité du sud-ouest de la France préparée à base de haricots blancs et de viandes :

   ____

Quand le commissaire est de retour au commissariat, le lieutenant-stagiaire lui annonce que Dufour a retrouvé le portable.
« Excellente nouvelle, Émion ! Et son propriétaire... ?
– Euh, oui et non. Pour tout dire, le portable se trouvait dans un sac en plastique qui **appartient à** l'homme qui est assis là-bas... »
Le commissaire tourne la tête sur sa droite et aperçoit un **clochard** assis sur une chaise près de l'accueil.
« Parfait, dit-il en inspirant profondément, nous allons l'interroger. Émion, allez chercher ce monsieur et installez-le ... où vous voulez, sauf dans mon bureau ! »
Quelques minutes plus tard, l'homme explique qu'il était chanteur à succès, mais que le succès **lui a tourné le dos**, qu'il est devenu **SDF** et qu'il est descendu dans le sud de la France où il fait plus chaud qu'à Paris.

appartenir à qn	jmd. gehören
clochard *m*	Stadtstreicher
tourner le dos à qn	jmd. den Rücken kehren, eine ungünstige Wendung nehmen
SDF *m* (sans domicile fixe)	Obdachloser

« Vous ne me reconnaissez pas, commissaire ? Je m'appelais...
– Désolé, Monsieur, je ne m'intéresse pas au show-business, répond Montagnac. Mais dites-nous, le portable, vous l'avez volé à qui ?
– Volé !!? Mais je ne suis pas un voleur, moi ! Ce portable, je l'ai trouvé !
– Où et quand ?
– Dimanche, place Wilson, sur le trottoir. Devant le Café des artistes. Le portable indiquait quinze heures. »
Le commissaire se lève rapidement.
« Émion, prenez la déposition de monsieur. Il baisse sa voix : Et avant son départ, demandez-lui s'il a besoin de quelque chose... quelque chose à manger ou... une douche, par exemple. »

Le commissaire Montagnac sort du commissariat et marche en direction de la place Wilson. Arrivé au Café des artistes, il montre la photo de Thomas Corniol aux serveurs et il leur demande s'ils ont vu ou entendu quelque chose de particulier dimanche après-midi. Toutes les réponses sont négatives. Alors le commissaire rentre au commissariat. En chemin, il réfléchit : Thomas a vraisemblablement perdu son portable pendant l'enlèvement, près du café, alors qu'il marchait en direction de son appartement. Mais comme personne n'a remarqué de violence ou de bruit anormal, on peut penser que Thomas est monté volontairement dans une voiture, qu'il connaissait son ravisseur et que le ravisseur savait que Thomas se trouvait là à ce moment-là.

volontairement	freiwillig
trajet *m*	Strecke
fiancée *f*	Verlobte

De retour au commissariat, Montagnac demande au lieutenant Dufour de vérifier les appels reçus par Thomas avant l'enlèvement : il n'a reçu aucun appel. Le commissaire décide alors de rendre visite à la belle-famille du jeune homme pour essayer d'en savoir un peu plus.

La famille Delaboissière habite dans le centre-ville, sur les Allées Jean Jaurès, dans un immense appartement avec terrasse, au dernier étage d'un grand immeuble. Ce n'est pas très loin du commissariat, mais les deux policiers y vont en voiture. Pendant le trajet, le lieutenant-stagiaire raconte au commissaire que l'ex-chanteur a accepté un sandwich mais pas la douche : il s'était déjà douché quatre ou cinq jours avant. Le commissaire fait une grimace mais ne dit rien.

Il est dix-sept heures quand les deux policiers sonnent à la porte des Delaboissière. Ils trouvent trois femmes : la fiancée, sa mère et sa meilleure amie. Toutes les trois ont le visage fatigué et les yeux rouges. Sur la table de la salle à manger, ils aperçoivent une petite valise pleine de billets de cinq cents euros.

« Nous devons porter la rançon avant dix-huit heures, explique la jeune fille, sinon mon Thomas va mourir! Et nous nous fiançons samedi !

– Je comprends votre inquiétude, mais je vous interdis de faire cela, Mademoiselle ! s'écrie le commissaire. Ce n'est pas une bonne solution ! Si vous payez la rançon, nous n'attraperons pas les ravisseurs ! Laissez la police faire son travail ! Voici notre plan : nous allons déposer une valise-leurre dans le parking pour les arrêter.

– Une valise-leurre ! s'écrie l'amie. C'est une idée... géniale ! »

inquiétude *f*	Unruhe, Sorge
leurre *m*	Köder

Exercice 6 : Le passé composé. Lesen Sie weiter und setzen Sie die Verben ins Passé composé!

Mademoiselle Delaboissière se met à pleurer. Alors sa mère prend la parole et explique que quand Thomas Corniol **1.** arriver ________________ le samedi après-midi pour s'occuper de la décoration de la salle pour les fiançailles, il était très calme, comme d'habitude. Il n'y avait rien d'anormal dans son comportement. Il **2.** diner ________________ et il **3.** passer ________________ la nuit avec Anne-Sophie.

« Et le lendemain ? insiste le commissaire. Est-ce qu'il **4.** se passer ________________ quelque chose ? Une visite ? Un appel téléphonique ?

– Non, rien du tout. Le dimanche matin, ma fille et mon futur gendre ont continué les préparatifs. Angélique est arrivée pour le déjeuner. Vers quatorze heures quarante-cinq, mon mari est parti au stade pour regarder son équipe qui jouait un match important. Thomas a quitté l'appartement juste après, à pied. Il voulait rentrer chez lui pour réviser son examen du lendemain. Angélique est restée avec Anne-Sophie pendant plusieurs heures encore pour l'aider. Et comme vous le voyez, elle est là aujourd'hui encore, avec nous, pour nous soutenir dans ces moments si difficiles, continue madame Delaboissière. Merci Angélique, tu es vraiment adorable!
– Mais avec plaisir, répond Angélique. Vous savez, c'est normal. Anne-Sophie est ma meilleure amie. Et cet enlèvement, c'est vraiment trop horrible ! »
Puis elle se tourne vers le lieutenant-stagiaire qui est en train de photographier l'appartement :
« Monsieur le Commissaire, je voudrais témoigner, moi aussi. Je veux vous aider ! Posez-moi des questions, s'il vous plaît !

gendre *m*	Schwiegersohn
soutenir	unterstützen
bredouiller	stammeln, murmeln

– Lieutenant-stagiaire Émion ! corrige Montagnac.
Le lieutenant-stagiaire bredouille.
– Euh, c'est-à-dire que... Je... Enfin....
– Merci à vous, Mademoiselle, c'est vraiment très aimable, s'écrie le commissaire. Je vous promets que nous vous contacterons si nous avons besoin de vous. Mais maintenant, nous... »
À ce moment, la porte d'entrée s'ouvre. C'est monsieur Delaboissière.
« Alors Messieurs, avez-vous retrouvé le pseudo-artiste aux cheveux longs ou faut-il que je dépense un million d'euros pour faire le bonheur de ma fille ? » demande-t-il.
Les deux policiers ont l'air un peu surpris par la remarque.

« Nous avons plusieurs pistes, nous vous tenons au courant, répond le commissaire. Mais vous, ne payez pas la rançon ! » Puis ils prennent congé.

Exercice 7 : Compréhension. Kreuzen Sie die richtige Aussage an!

1. Le commissaire pense que Thomas Corniol...
   a) ❒ a bu quelque chose au Café des artistes.
   b) ❒ a rencontré son kidnappeur près du Café des artistes.
   c) ❒ a été agressé par un clochard près du Café des artistes.

2. Angélique est la meilleure amie...
   a) ❒ d'Anne-Sophie Delaboissière.
   b) ❒ de madame Delaboissière.
   c) ❒ de Thomas Corniol.

3. Le dimanche, Angélique...
   a) ❒ est arrivée après le repas de midi chez les Delaboissière.
   b) ❒ est partie juste après le repas de midi de chez les Delaboissière.
   c) ❒ a passé l'après-midi chez les Delaboissière.

4. Angélique...
   a) ❒ veut que les policiers l'interrogent.
   b) ❒ ne veut pas que les policiers l'interrogent.
   c) ❒ a rendez-vous au commissariat pour un interrogatoire.

« Pensez à moi ! » s'écrie Angélique alors que la porte de l'ascenseur se ferme.
Le lieutenant-stagiaire rougit. Montagnac secoue la tête. Puis il téléphone à ses hommes et leur dit de préparer le dispositif. Quelques minutes plus tard, il les retrouve au parking du Capitole. L'emplacement quarante-sept se trouve dans un coin. La valise est en place. Tous les policiers attendent discrètement, prêts à intervenir.
À vingt-deux heures, les ravisseurs ne sont toujours pas arrivés. Alors le commissaire dit à ses hommes de rentrer chez eux et va voir le gardien du parking pour visionner les vidéos de surveillance. Malheureusement, l'emplacement se trouve en dehors du champ de vision des caméras. Le commissaire rentre chez lui, déçu car son plan a échoué.

tenir qn au courant	jmd. auf dem Laufenden halten
prendre congé	sich verabschieden
intervenir	eingreifen
surveillance *f*	Überwachung
champ *m* de vision	Sichtfeld

3 La rançon

C'est mercredi, il est sept heures trente. Le commissaire Montagnac fait le bilan de l'enquête avec toute son équipe.
« Récapitulons, dit-il. Après l'échec d'hier, on peut penser que le mobile de l'enlèvement n'est pas l'argent mais la volonté d'empêcher les fiançailles. Hier, monsieur Delaboissière a fait une remarque bizarre. On dirait qu'il n'estime pas beaucoup son futur gendre. C'est une piste. Mais il ne faut pas oublier Chavez. Avez-vous du nouveau, Fernandez ?
– Oui, commissaire. Je suis allé à Ramonville. Personne ne l'a vu pêcher vers le port dimanche.
– Et j'ai retrouvé ses empreintes sur le camion des parents de la victime, continue Morino.
– Et vous le dites seulement maintenant ! s'énerve Montagnac. Allez, on va chez Chavez, et vite ! »
Deux voitures de police démarrent aussitôt. Dans la première, le commissaire Montagnac et le lieutenant-stagiaire Émion, dans la seconde, le capitaine Dufour et le lieutenant Morino. Elles quittent la ville, se retrouvent sur des petites routes de campagne bordées de pins et de cyprès et ils traversent des petits villages

récapituler	noch einmal kurz zusammenfassen
estimer	schätzen
démarrer	starten, anmachen
pin *m*	Pinie, Kiefer
cyprès *m*	Zypresse

où les maisons de pierres et de briques se réveillent tranquillement sous un soleil déjà chaud.
« On est le vingt-et-un juin, dit le commissaire qui **transpire** déjà. C'est l'été, aujourd'hui ! »
Mais Émion ne répond pas. Il observe le paysage avec fascination.
« Cela vous change de Paris, hein !!? dit Montagnac. Elle n'est pas belle, notre région ? »
À ce moment, le portable du commissaire sonne. C'est madame Corniol. Elle a reçu une lettre de rappel des ravisseurs.
« Nous arrivons tout de suite, Madame ! » dit Montagnac.

transpirer	schwitzen
domicile *m*	Wohnsitz

Exercice 8 : Prépositions et adverbes de temps. Lesen Sie weiter und fügen Sie die passende Zeitangabe ein!

pendant | le matin | plus tard | avant

La voiture de Montagnac et d'Émion change de direction. Une trentaine de minutes **1.** ____________, elle s'arrête devant le **domicile** des Corniol. Le couple montre l'enveloppe trouvée **2.** ____________ même dans leur boîte aux lettres. Quelqu'un l'a certainement déposée **3.** ____________ la nuit. Dans l'enveloppe, il y a une mèche de cheveux blonds et une lettre. Cette fois encore, le message est écrit avec des morceaux de journal.

« C'est votre dernière chance, lit le lieutenant-stagiaire. Si vous ne payez pas la rançon aujourd'hui **4.** dix-huit heures, nous coupons un doigt. Et sans la police, cette fois.

– Ce sont des professionnels. Ils vont le tuer ! dit la mère en larmes.

– Ce qui est sûr, c'est que les ravisseurs veulent l'argent. C'est bon signe parce que pour avoir l'argent, ils ont besoin de l'otage. Mais il y a une menace, et nous devons la prendre au sérieux. »

Il est midi quand Montagnac et Émion rentrent au commissariat. Dufour et Morino sont là. Chavez aussi.

« Vous l'avez interrogé ? demande Montagnac.

– Oui, commissaire, répond Dufour. Mais il nie tout!

– Bon, très bien. Alors mettez-le en garde à vue pendant vingt-quatre heures, répond le commissaire. Bon, j'ai une faim de loup, moi ! Et quand j'ai faim, je ne peux pas travailler ! Il y a un beau soleil, on déjeune en terrasse ? »

Les quatre policiers sortent du commissariat et se retrouvent dans la rue, au milieu de la foule et dans un bruit incroyable.

mèche *f*	Haarsträhne
otage *m*	Geisel
en garde *f* à vue	in Polizeigewahrsam
foule *f*	Menschenmenge

« Qu'est-ce qui se passe ici ? demande Montagnac.
– Commissaire, on est le vingt-et-un juin aujourd'hui !
– Je sais, Morino. Le vingt-et-un juin, le jour de l'été...
– Et le jour de la fête de la musique ! » continue le lieutenant.
Dans toute la France, le jour de la fête de la musique, tout le monde peut jouer de la musique et chanter dans la rue. Il y a des concerts gratuits partout : sur les places, dans les cafés...
Finalement, le commissaire préfère acheter un sandwich pâté-cornichon et un éclair au chocolat dans un stand de vente à emporter pour les manger dans son bureau, au calme. Les trois autres font la même chose.
Après la pause déjeuner, le commissaire déclare qu'il faut changer de tactique :
« Messieurs, nous allons payer la rançon ! », dit-il. Dufour et Morino, préparez le plan B ! Vous, Émion, venez avec moi ! Nous allons chercher l'argent. »

Exercice 9 : Combinez. Welche Wörter gehören zusammen? Verbinden Sie!

1. ☐ la fête	a) au chocolat
2. ☐ une garde	b) de canard
3. ☐ un éclair	c) de loup
4. ☐ un froid	d) de plomb
5. ☐ un soleil	e) de la musique
6. ☐ une faim	f) à vue

Quand Anne-Sophie Delaboissière ouvre la porte aux policiers, elle n'ose pas demander si les nouvelles sont bonnes ou mauvaises. Elle ne dit rien.
« Nous venons chercher l'argent de la rançon, Mademoiselle, dit le commissaire.
– Ah, enfin ! s'écrie la jeune fille. Tenez, la valise est sur la table. Elle est prête.
– C'est la meilleure solution ? demande monsieur Delaboissière pendant que le lieutenant-stagiaire prend une photo.

écran *m*	Bildschirm

– Papa, arrête !
– Nous allons tout vous expliquer, répond le commissaire. Je vous donne rendez-vous à dix-sept heures au commissariat. »

À dix-sept heures pile, la famille Delaboissière arrive au commissariat.
Angélique, la meilleure amie d'Anne-Sophie, est là aussi. Elle s'adresse au lieutenant-stagiaire :
« Laissez-moi aller porter la rançon dans le parking, s'il vous plaît. Je veux absolument faire cela pour mon amie. Oh, s'il vous plaît... »
Le lieutenant-stagiaire rougit. Il veut bien aider la jeune femme.
« Euh, c'est que...» dit-il. Il se tourne en direction du commissaire.
« Pourquoi pas, dit Montagnac. Ce n'est pas une mauvaise idée. Une personne extérieure à la famille, c'est plus discret. C'est d'accord ! »
Èmion est content mais il croit que ce serait trop dangereux. Il le dit au commisaire.
« Mais, bien sûr, des policiers vont vous accompagner. » dit-il.
Émion aimerait accompagner la jeune femme mais il n'ose pas le dire. Finalement, le commissaire choisit deux autres collègues.

Exercice 10 : Les prépositions. Lesen Sie weiter und fügen Sie die passende Präposition ein!

grâce à | en direction de | avec (x 2) | en | jusqu'à

Un peu plus tard, Angélique sort du commissariat **1.** ______ la valise qui contient un million d'euros et elle part **2.** ______ la place du Capitole. Deux policiers habillés **3.** ______ civil la suivent discrètement. Tous les autres policiers se concentrent sur de grands **écrans** d'ordinateurs. Une petite lumière rouge apparaît.

« Qu'est-ce que c'est ? » demande madame Delaboissière.

Le commissaire explique alors que ses hommes ont introduit un mini-radar dans la valise et que **4.** ______ ce mini-radar, ils vont pouvoir localiser les ravisseurs, les suivre **5.** ______ leur domicile et les arrêter tous.

« Et moi, je vais récupérer mon argent ! dit monsieur Delaboissière **6.** ______ un large sourire. C'est formidable...

– Tout à fait, Monsieur. répond le commissaire.
– Papa, s'il te plaît, arrête ! »
On voit sur les écrans que la valise se trouve maintenant à l'emplacement quarante-sept, comme le voulaient les ravisseurs. Soudain, la lumière rouge se met à bouger à nouveau.
« Ils ont pris la valise ! » crie un des policiers.
Dans le commissariat, tout le monde regarde attentivement le déplacement du point rouge sur l'écran. Le déplacement n'est pas très rapide. La personne est surement à pied. Elle traverse actuellement le boulevard Carnot et semble aller en direction de la gare.
« Et s'ils montent dans un train ? demande madame Delaboissière.
– Pas de problème, Madame. C'est aussi dans le plan, répond le commissaire. S'ils montent dans un train, des policiers suivront discrètement le train en voiture. Morino, préparez tout de suite deux véhicules ! »

Quand les deux policiers en civil rentrent au commissariat, ils décrivent la personne qui a pris la valise : un homme assez jeune, de type européen et de taille moyenne, avec des lunettes noires et une casquette. Malheureusement, ils l'ont perdu de vue à cause de la foule rassemblée sur la place du Capitole pour la fête de la musique. Quand Angélique arrive au commissariat, elle voit tout le monde concentré sur les écrans. Anne-Sophie arrive vers elle et lui dit mille fois merci. Le lieutenant-stagiaire Émion s'approche lentement.
« Qu'est-ce qui se passe ? demande Angélique. Qu'est-ce qui est si intéressant sur ces ordinateurs ? »
Le lieutenant-stagiaire explique tout à la jeune fille qui, soudain, devient toute pâle.
« Ça ne va pas, Mademoiselle ? » s'inquiète Émion.

Angélique répond que c'est l'émotion et demande où sont les toilettes. Le lieutenant-stagiaire lui indique la porte. Plusieurs minutes passent et Angélique n'est toujours pas sortie des WC. Le lieutenant-stagiaire est un peu inquiet. Alors il s'approche de la porte et là, il entend quelques mots :

« Je t'embrasse, Loulou. Oui, à tout à l'heure... » dit-elle.

Angélique sort des toilettes, son portable à la main.

« Ça ne va pas, Lieutenant ? demande-t-elle. Vous êtes tout pâle... »

Exercice 11 : Mots dérivés. Wie lauten die vom Adjektiv abgeleiteten Substantive auf Französisch?

1. inquiet ____________________
2. déçu ____________________
3. concentré ____________________
4. ému ____________________
5. jeune ____________________
6. triste ____________________
7. intéressant ____________________
8. vrai ____________________

Elle n'attend pas la réponse d'Émion. Elle va voir Anne-Sophie et lui dit qu'elle doit rentrer chez elle. Au moment où Angélique s'en va, le signal rouge sur les écrans disparaît.
« Oh, non... »
Quelle déception ! Sur tous les visages, on peut lire de la tristesse. Et le visage du lieutenant-stagiaire est doublement triste : il sait maintenant qu'Angélique a un fiancé.

4 Une affaire en mille morceaux

Le lendemain matin, le lieutenant-stagiaire est encore tout mélancolique quand il arrive au commissariat à sept heures cinq. On peut lire sur son visage qu'il n'a pas bien dormi.
« Bonjour, lieutenant ! dit la réceptionniste avec un sourire. Comment ça va ?
– Bof... répond Émion avant de soupirer.
– On dirait que la journée commence mal pour tout le monde. » dit Claire à voix basse quand le lieutenant-stagiaire est un peu plus loin.
En effet, le commissaire est, lui aussi, de mauvaise humeur. Il est même très en colère parce que son plan a échoué une fois de plus. Il est dans son bureau avec son équipe et fait le point de la situation : soit le radar a eu une panne, mais c'est quasi impossible, soit les kidnappeurs sont des professionnels. De toute façon, il faut approfondir les recherches et ne négliger aucune piste.
« Dufour, Morino, Fernandez, vous m'avez bien compris ? Au travail ! Je veux des résultats ! crie-t-il au moment où le lieutenant-stagiaire entre dans le bureau. Ah, Émion ! Vous êtes en retard ! On n'est pas en vacances ici ! Allez me chercher Chavez, je vais le faire parler, moi ! Allez, dépêchez-vous ! »

ϟ bof	na ja
soupirer	seufzen
faire le point	Bilanz ziehen

Le commissaire Montagnac est si impressionnant que monsieur Chavez finit par avouer qu'il s'est approché du camion des Corniol et qu'il a essayé de le déplacer :
« Vous comprenez, Monsieur le Commissaire, dit-il. À cause de la camionnette, les clients ne me voyaient pas. C'est de la concurrence illégale ! Mais je vous jure que je n'ai jamais vu le fils Corniol ! »
Le commissaire est contrarié. Il est presque midi et la garde à vue est presque finie. Alors Montagnac téléphone au procureur pour demander une prolongation. Il lui explique que Chavez a peut-être des complices et qu'on pourra surement en savoir plus après la libération de l'otage. Le procureur donne son accord pour une prolongation de garde à vue de vingt-quatre heures.
Dans l'après-midi, Montagnac et Émion rendent visite aux Corniol qui n'ont pas de nouvelles de leur fils. Puis ils vont chez les Delaboissière, mais c'est la même chose : le jeune homme n'a toujours pas été libéré. Mademoiselle Delaboissière est au bord de la crise de nerfs.

avouer	zugeben
jurer	schwören
contrarié	verstimmt, verdrossen
hurler	brüllen
vérité *f*	Wahrheit
rustre	rüpelhaft

« Il faut annuler les fiançailles, dit monsieur Delaboissière.
– Papa, tu es un monstre ! hurle Anne-Sophie. De toute façon, je sais bien que tu n'aimes pas Thomas. Tu n'aimes pas les artistes. Tu préférerais me fiancer à un de tes rugbymans ! Mais moi, c'est Thomas que j'aime ...Et toi, je te déteste!
– Anne-Sophie, ma chérie... dit madame Delaboissière alors que sa fille quitte la pièce en pleurant. Ah, bravo Jean-Richard, tu l'as encore fait pleurer ! Elle est si stressée, pauvre petite...
– Ah, les femmes... dit monsieur Delaboissière. Vous avez une fille, Monsieur le Commissaire ? »

Les deux policiers prennent congé [i]. Montagnac n'a pas répondu à la question de monsieur Delaboissière. La réponse intéressait aussi le lieutenant-stagiaire. En vérité, il a un peu de mal à imaginer cet homme autoritaire et rustre dans le privé.

Achtung: Die Wendung **prendre congé** bedeutet „sich verabschieden". **Prendre un congé** heißt hingegen „Urlaub nehmen".

Exercice 12 : Les sentiments. Übersetzen Sie die folgenden Redewendungen!

1. schlecht gelaunt sein ______________________
2. wütend sein ______________________
3. seufzen ______________________
4. verstimmt sein ______________________
5. gestresst sein ______________________
6. einen Nervenzusammenbruch haben

____

Au commissariat, l'équipe récapitule les mobiles possibles à ce stade de l'enquête : il y a peut-être eu un problème chez les ravisseurs. Est-ce que le jeune homme est mort à l'heure qu'il est ? Et Chavez ? Il y a ses menaces, ses empreintes sur le camion... Peut-être aussi que quelqu'un veut empêcher les fiançailles : monsieur Delaboissière, ou pourquoi pas le fiancé lui-même qui aurait organisé un faux enlèvement et qui serait parti avec l'argent...

Cette dernière possibilité fait réagir le commissaire :
« Émion, venez avec moi : nous allons faire une **perquisition** chez la victime pour essayer d'en savoir un peu plus. »
L'appartement de Thomas Corniol se trouve dans un vieux bâtiment très bien restauré, à quelques mètres de l'école des beaux-arts, sur le **quai** de la Daurade. C'est une grande pièce avec un plafond haut et une fenêtre immense avec vue sur la Garonne et sur le Pont-Neuf, le plus vieux mais le plus beau pont de Toulouse.
« Ce studio est typiquement celui d'un étudiant en art ! dit Montagnac. Apparemment, il sert aussi d'atelier ! »
En effet, il y a des crayons, des peintures, des papiers, des cartons, des morceaux de plastique, de **bois** et de métal partout. Sur l'immense bureau, deux ordinateurs **dernier cri** disparaissent sous des vêtements propres et sales et des cartons de pizzas à emporter. Le lieutenant-stagiaire prend photo sur photo. La poubelle pleine de croquis froissés. Il y a aussi une cinquantaine de petits morceaux de papier rose déchiré avec une écriture **turquoise** dessus. On dirait une lettre.

perquisition *f*	Hausdurchsuchung
quai *m*	*hier:* Uferstraße
bois *m*	Holz
dernier cri *m*	allerneueste Mode, topmodern, der letzte Schrei
turquoise	türkis
déguisé	*hier:* inszeniert

« Prenez tous les morceaux, Émion, dit Montagnac. J'espère que vous aimez les puzzles ! »
Il est presque vingt et une heures, le commissaire et Émion sont de retour au commissariat et se mettent à reconstituer la lettre. Ils y travaillent toute la soirée. Vers quatre heures du matin, la lettre est en partie reconstituée. Il manque des morceaux, mais elle parle d'amour, de fiançailles et de mariage.

Exercice 13 : Les contraires. Finden Sie zu den folgenden Begriffen die passenden Gegensätze im vorangehenden Textabschnitt!

1. moins ____________________
2. minuscule ____________________
3. premier ____________________
4. propre ____________________
5. vide ____________________

« C'est une écriture ronde de fille, dit le commissaire. C'est probablement mademoiselle Delaboissière. »
Mais alors, pourquoi est-ce que la lettre est déchirée ? Les futurs fiancés se sont-ils disputés ? Est-ce que Thomas Corniol est parti avec une autre femme et l'argent de la rançon pour commencer une nouvelle vie ? Est-ce qu'il s'agit seulement d'un enlèvement **déguisé** ?
Les deux policiers sont trop fatigués pour réfléchir. Ils s'endorment chacun sur un fauteuil dans le bureau du commissaire.

5 Les fiançailles sauvées

Vers six heures trente du matin, les deux policiers sont réveillés par un appel téléphonique de mademoiselle Delaboissière. Elle dit que c'est très important et qu'ils doivent venir
« Nous arrivons tout de suite, Mademoiselle ! » dit le commissaire encore un peu endormi.
Les deux hommes boivent plusieurs tasses de café pour se reveiller et vont chez la famille Delaboissière.
La jeune fille les attend déjà devant la porte. Elle leur explique qu'elle a reçu un appel sur son téléphone portable pendant la nuit. Elle n'a entendu qu'un ou deux mots, mais elle est sûre que c'était son fiancé qui voulait lui donner un signe de vie. Son portable a enregistré le numéro. Elle le montre au commissaire. C'est un numéro de téléphone fixe. Mais elle ne le connaît pas.
Le commissaire compose un numéro sur son portable.
« Allô, Claire? Notez ce numéro de téléphone : zéro cinq, soixante-trois, quatre-vingt-six, trente-deux, soixante-dix-sept. J'ai besoin du nom du propriétaire de la ligne. C'est très urgent ! »
Puis il se tourne vers la jeune femme.
« Mademoiselle, dit-il. Je suis désolé, mais nous devons vous poser des questions un peu... comment dire... un peu délicates. Bon, voilà : comment était votre relation avec monsieur Thomas Corniol ces derniers temps ? »

Exercice 14 : La négation. Lesen Sie weiter und fügen Sie die passenden Verneinungswörter ein!

pas rien aucun ni ni

La jeune femme ouvre grand ses yeux. Elle ne comprend 1. ______ la question. Alors le commissaire parle de disputes éventuelles, d'un comportement bizarre du jeune homme, de la possibilité qu'une autre femme... Est-ce que mademoiselle Delaboissière n'a 2. ______ remarqué d'anormal?

« Mais qu'est-ce que vous dites, commissaire !? hurle la jeune fille qui n'a 3. ______ envie de rire 4. ______ envie de perdre son temps. Thomas et moi sommes ensemble depuis quatre ans ! Nous devons nous fiancer demain ! Il n'y a 5. ______ problème entre nous ! »

À ce moment-là, le lieutenant-stagiaire montre quelques morceaux de la lettre rose à la jeune femme et lui demande si elle connaît l'écriture.

« Bien sûr que je connais cette écriture : c'est celle d'Angélique !

– Mais... mais c'est impopo... c'est impossible ! répond Émion, rouge comme une tomate. Loulou, il y a Loulou !

– Qui est ce Loulou ? demande le commissaire.
– C'est le petit ami de mademoiselle Angélique ! »
Le lieutenant-stagiaire raconte la scène des toilettes deux jours plus tôt, au commissariat. Anne-Sophie dit que son amie Angélique n'a pas de petit ami, qu'elle est célibataire depuis qu'elle la connaît, c'est-à-dire depuis quatre ans maintenant. Oui, Loulou existe, Jean-Louis plus exactement. C'est non pas le petit ami mais le grand frère d'Angélique. Elle ajoute que c'est un type un peu bizarre qui manque souvent d'argent et qui a actuellement de gros problèmes avec le fisc. À ce moment-là, le commissaire reçoit un appel de Claire qui lui donne le nom du propriétaire du numéro de téléphone : il s'agit de monsieur Maurice Mandez, dans le village de Lavaur. La jeune fille réagit tout de suite :

ceinture *f* de sécurité	Sicherheitsgurt
↯ foncer	rasen, flitzen
gyrophare *m*	Blaulicht

« Maurice Mandez ? C'est le grand-père d'Angélique, le père de son père ! C'est un très vieux monsieur malade. D'ailleurs, il est à l'hôpital depuis plus d'un mois. Il n'a pas pu kidnapper Thomas…
– Lui, non, répond Montagnac. Mais ses petits-enfants… »
La jeune fille est perplexe, mais pour le commissaire, tout est très clair. Il faut aller immédiatement à Lavaur.
Sans perdre une seconde, les policiers montent dans la voiture.
« Émion, prenez le volant, attachez votre ceinture de sécurité et foncez ! » dit le commissaire en allumant le gyrophare.
En chemin, le commissaire appelle le commissariat et donne l'ordre de lancer un avis de recherche sur Angélique et Jean-Louis Mandez dans tout le sud-ouest de la France. Il faut tout contrôler : les routes, les gares, les aéroports.
« Espérons qu'il n'est pas déjà trop tard » pense-t-il.

Exercice 15 : Les moyens de transport. Beziehen sich diese Wörter auf Auto, Zug oder Flugzeug? Ordnen Sie sie in die richtige Spalte! Ein Wort kann in mehrere Spalten gehören.

le volant   le vol   la voie   l'aéroport   la gare

le parking   la station-service   le permis de conduire

le contrôleur   l'hôtesse de l'air   le conducteur

la voiture	le train	l'avion

Arrivés à destination, les deux hommes sortent et voient une voiture qui arrive vers eux, une femme à l'intérieur. C'est mademoiselle Delaboissière. Elle les a suivis[i] avec sa voiture personnelle. Tous les trois courent en direction de la maison. À l'intérieur, ils trouvent un jeune homme, seul, attaché sur une chaise, pieds et mains liés, du scotch sur la bouche. Il est pâle, maigre et fatigué. Anne-Sophie se précipite vers lui.
« Thomas, mon amour ! Ça y est, c'est fini !» lui dit-elle.

On est samedi soir. Il est dix-neuf heures. Dans une grande salle de réception d'un hôtel de luxe du centre de Toulouse, Anne-Sophie Delaboissière et Thomas Corniol célèbrent leurs fiançailles entourés de leurs familles et amis. Le commissaire Montagnac et le lieutenant-stagiaire Émion ont été invités, ainsi que monsieur Chavez qui trinque à leur réconciliation avec les parents du fiancé. Il y a un grand orchestre et un immense et magnifique buffet. Tous les invités ont une flûte de champagne à la main et le sourire aux lèvres.

entouré	umgeben
trinquer à qc	auf etw. anstoßen
réconciliation *f*	Versöhnung
endetté	verschuldet
s'enfuir	davonlaufen
curieux	neugierig

« Quelle histoire ! dit le commissaire en prenant un petit four. Qui pouvait penser que la meilleure amie si charmante de mademoiselle Delaboissière était elle aussi très amoureuse du même jeune homme...
– Et que son frère, très endetté, allait l'aider à organiser un enlèvement pour empêcher les fiançailles, utiliser la maison du grand-père et s'enfuir en Amérique du Sud avec l'argent...
– Pour essayer de s'enfuir ! Les deux kidnappeurs ont été arrêtés à l'aéroport de Bordeaux ! dit Montagnac. Miam-miam, délicieux ces petits fours ! Vous les avez goûtés, Émion ? »

Monsieur Delaboissière s'approche des deux policiers.
« Messieurs, je vous remercie encore pour votre travail, dit-il. Sans vous...
– Avec plaisir, répond le commissaire. Toutes nos félicitations. La fête est magnifique et votre fille est superbe !

> Steht vor dem Verb im Passé composé ein Objektpronomen, wird das Partizip angepasst:
> Elle les a suivis.
> Sie ist ihnen gefolgt.

– Merci, répond-il et, après une courte pause : C'est beau, la jeunesse, dit-il. C'est beau, l'amour. Pas vrai, commissaire ? »
Montagnac n'a pas le temps de répondre. En effet, le champagne a donné du courage au lieutenant-stagiaire qui demande :
« Dites, Monsieur le Commissaire, je suis curieux. Vous ne nous avez pas dit : vous avez une femme, vous ?

Exercice 16 : Définitions. Finden Sie im vorangehenden Textabschnitt die gesuchten Wörter!

1. Qui aime connaître les affaires et les secrets des autres : ______________________
2. Qui va se marier : ______________________
3. Compliments que l'on fait à quelqu'un sur son succès ou sur un événement heureux : ______________________
4. Situation de quelqu'un qui doit de l'argent à une ou plusieurs personnes : ______________________
5. Extrêmement bon ou agréable : ______________________

– Vous êtes vraiment bien curieux aujourd'hui, Émion, répond Montagnac. Regardez plutôt toutes les jolies jeunes femmes qui sont ici ce soir. Qui sait, parmi elles, il y a peut-être la femme de votre vie. Vous devriez aller danser, sinon vous allez rester célibataire… »

Le jeune homme s'éloigne en direction de la piste de danse.

« Et croyez-moi, continue le commissaire à voix basse, la vie de célibataire, ce n'est pas rose tous les jours… »

Abschlusstest

Lösungen

Glossar

Verzeichnis der Übungen

Abschlusstest

Exercice 1 : Traduisez. Übersetzen Sie die Wörter und enträtseln Sie das Lösungswort!

1. Überwachung _ _ ☐ _ _ _ _ _ _ _ _ _
2. Lösegeld _ ☐ _ _ _ _
3. retten _ _ _ ☐ _ _
4. Opfer _ _ _ _ ☐ _ _
5. Praktikant ☐ _ _ _ _ _ _ _ _
6. Telefonist ☐ _ _ _ _ _ _ _ _ _ _ _
7. Feind _ _ _ ☐ _ _
8. Ermittlung _ _ _ ☐ _ _ _
9. neugierig _ _ ☐ _ _ _ _

Lösung: _ _ _ _ _ _ _ _ _

Exercice 2 : Qui est-ce ? Lesen Sie die Beschreibung und kreuzen Sie die dazu passende Person aus dem Krimi „Feu de la passion“ an!

1. Blonde aux yeux bleus, la silhouette mince. Elle est jolie. Elle a la quarantaine.

   a) ❒ Aline Châtillon, la propriétaire de l'écurie.

   b) ❒ Josette Maréchal, la mère de Benoît.

2. Il est jeune, grand et maigre. Il a les cheveux roux et les yeux très bleus.

   a) ❒ Maxime Châtillon, le propriétaire de l'écurie.

   b) ❒ Benoît Maréchal, le fils de Josette.

3. Il est grand et très fort. Il n'a plus de cheveux et il a mauvais caractère.

   a) ❒ Jacques Bernardet, le garde forestier.

   b) ❒ Bruno Maréchal, le plus gros éleveur de la région.

4. Il porte une grosse moustache grise. Il est plus petit et moins musclé que Bruno Maréchal.

   a) ❒ Pascal Leroy, le voisin des Châtillon.

   b) ❒ Marcel, le patron du café.

Exercice 3 : Travail. Suchen Sie im Gitternetz sechs Begriffe zum Thema Büroalltag!

A	B	C	D	O	E	F	G	H	I	X
D	S	M	E	R	R	S	R	J	K	T
L	T	L	P	D	M	N	O	P	M	E
O	S	Q	S	I	R	S	T	U	E	L
G	I	V	E	N	W	X	Y	C	S	E
I	N	S	T	A	L	L	E	R	S	P
C	D	A	S	T	B	C	D	A	A	H
I	E	F	B	E	G	H	I	Y	G	O
E	E	K	L	U	L	M	N	O	E	N
L	I	S	E	R	P	Q	R	N	E	E
U	M	D	B	S	O	I	E	D	S	E

Exercice 4 : Définitions. **Finden Sie die gesuchten Begriffe!**

1. Une personne qui tient une galerie d'art :

____

2. La personne qui veut de l'argent pour se taire :

____

3. L'objet que l'on utilise pour s'aider à marcher :

____

4. L'endroit où on prend l'autocar ou l'autobus :

____

Exercice 5 : Le temps. **Ordnen Sie die Begriffe richtig ein!**

été | fraîcheur | soleil | pluie | sécheresse | éclairs | tonnerre | départs de feu

1. chaleur	**2.** orage
____________	____________
____________	____________
____________	____________
____________	____________

Exercice 6 : Questions. Beantworten Sie die folgenden Fragen zum Krimi „Enlèvement dans la ville rose" in kurzen Sätzen!

1. Quelle fleur est le symbole de la ville de Toulouse ?

____

____

2. Quel est le montant de la rançon ?

____

____

3. Pourquoi le 21 juin est-il un jour spécial ?

____

____

____

4. Qui a enlevé Thomas Corniol ?

____

____

____

5. Est-ce que le commissaire Montagnac est marié ?

____

____

Exercice 7 : Supprimez l'intrus. **Welche Wörter kommen im Kurzkrimi „Enlèvement dans la ville rose" nicht vor ?**

1. visage yeux oreille bouche
2. malfaiteur cambrioleur voleur kidnappeur
3. disponible originaire bredouille coupable
4. capitaine commandant lieutenant procureur

Exercice 8 : Définitions. **Finden Sie die gesuchten Begriffe!**

1. On dit ou on crie cela quand on a besoin d'aide.

____

2. Ce qu'on sent quand on n'a rien mangé depuis longtemps.

____

3. On les célèbre traditionnellement avant le mariage.

____

4. Elle est obligatoire dans les voitures et dans les avions.

____

5. Place réservée aux automobilistes pour garer leur voiture.

____

Exercice 9 : Répondez. Kreuzen Sie jeweils die richtige Antwort zum Krimi „Voyage mortel“ an!

1. Que s'est-il passé dans l'autocar de la ligne Arfeuilles-Vichy ?

   a) ❒ un vol

   b) ❒ un meurtre

   c) ❒ une agression

2. Pour Marie-Anne, David Lombard est :

   a) ❒ son neveu

   b) ❒ son cousin

   c) ❒ son petit-fils

3. L'arme du crime est :

   a) ❒ une canne

   b) ❒ un revolver

   c) ❒ un couteau

4. Pour quelle raison Guy Duregard est-il descendu à Cusset ?

   a) ❒ pour aider une vieille dame

   b) ❒ pour réparer l'autocar

   c) ❒ pour aller faire des courses

5. Quelle est la profession de Marie-Anne Lombard ?

a) ❐ policière

b) ❐ retraitée

c) ❐ actrice

6. Qu'est-ce qui est caché dans la canne de Marcel Bardon ?

a) ❐ une bague

b) ❐ une carte

c) ❐ une toile

Exercice 10 : Au feu ! Trennen Sie die sechs Wörter aus der Wortkette heraus, die zum Feuerwehralltag gehören, und schreiben Sie sie auf! Welches gehört nicht dazu?

incendieflamberpompierseauécuriebrûlerexploser

____________________ ____________________

____________________ ____________________

____________________ ____________________

Lösung: Le feu a détruit une _ _ _ _ _ _.

Exercice 11 : Devinette. **Lösen Sie das Kreuzworträtsel zum Krimi „Voyage mortel"!**

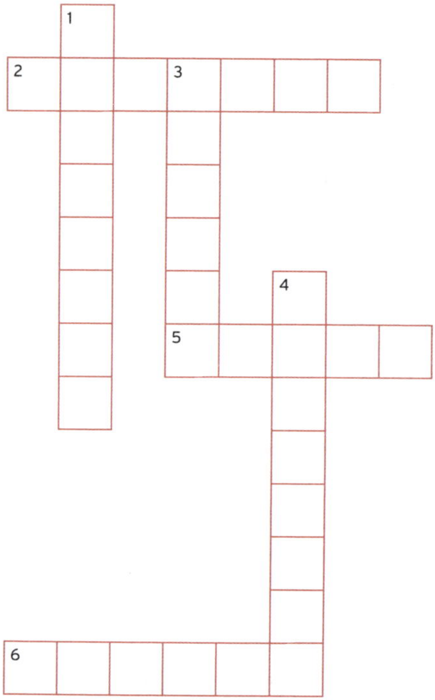

Waagerecht:

2. l'arme du crime
5. ce que cache la canne
6. ce que cache Sébastien Xavos

Senkrecht:

1. la profession de David Lombard
3. un synonyme de voyage
4. l'ancienne profession de Marie-Anne

Lösungen

Voyage mortel

Exercice 1 : **1.** 15 **2.** 65 **3.** 14 **4.** 94 **5.** 9 **6.** 109

Exercice 2 : **1.** à **2.** d' **3.** à **4.** de

Exercice 3 : siège / amie / ne / Georges
Lösung: sang

Exercice 4 : **1.** est **2.** va **3.** arrive **4.** se trouve

Exercice 5 : **1.** maman **2.** vendeur **3.** voyage **4.** alcoolique

Exercice 6 :

C	H	A	U	F	F	E	U	R	A
O	T	U	U	F	M	N	E	W	F
S	Z	T	R	A	J	E	T	A	O
C	P	O	M	H	U	P	U	J	L
R	U	C	A	D	K	O	S	P	D
J	P	A	S	S	A	G	E	R	S
K	A	R	R	E	T	A	I	F	I
K	A	D	L	F	Y	H	O	D	E
S	S	Z	A	I	G	D	E	U	G
I	W	D	S	X	M	H	L	P	E

Exercice 7 : **1.** c **2.** b **3.** d **4.** a

Exercice 8 : **1.** c **2.** d **3.** b **4.** a

Exercice 9 : **1.** b **2.** b **3.** a **4.** a

Exercice 10 : **1.** falsch **2.** richtig **3.** falsch **4.** richtig

Exercice 11 : **1.** ils représentent
2. elles ont dessiné
3. ce sont des plans
4. ils doivent attendre

Exercice 12 : **1.** Marie-Anne participe aux interrogatoires des suspects.
2. Guy Duregard n'a rien remarqué de particulier.
3. Catherine Belbob met David Lombard très mal à l'aise.
4. Marie Château est très nerveuse.

Exercice 13 : **1.** satisfait **2.** célèbre **3.** désespéré
4. facile

Exercice 14 : **1.** c **2.** d **3.** b **4.** a

Exercice 15 : **1.** appelé **2.** allé **3.** retiré
4. demander

Exercice 16 : **1.** Catherine Belbob
2. Sébastien Xavos
3. Marie Château
4. Gérard Danger

Feu de la passion

Exercice 1 : **1.** été **2.** prendre **3.** plus **4.** partir

Exercice 2 : **1.** L'écurie **2.** où le feu a démarré. **3.** Un sac poubelle en papier marron. **4.** Les empreintes

Exercice 3 : **1.** grande **2.** longue **3.** pleine **4.** vides **5.** vieux **6.** fraîche **7.** grand

Exercice 4 : **1.** richtig **2.** falsch (On y trouve des chevaux.) **3.** falsch (Il travaille dans une entreprise de logiciels.) **4.** richtig

Exercice 5 : **1.** 12.00 **2.** 18.30 **3.** 07.45 **4.** 27/06/1976

Exercice 6 : **1.** e **2.** d **3.** a **4.** b **5.** c

Exercice 7 : **1.** écurie **2.** vaches **3.** ancien **4.** malade **5.** fiancés **6.** né

Lösung: chemin

Exercice 8 : **1.** c **2.** a **3.** c **4.** b

Exercice 9 : **1.** faire du cheval **2.** se lever **3.** penser **4.** amour

Exercice 10 : **1.** b **2.** a **3.** b **4.** a **5.** b

Exercice 11 : **1.** fille **2.** mari **3.** beau-père **4.** parents **5.** petit-fils

Lösung: frère

Exercice 12 : **1.** a **2.** b **3.** b **4.** a

Exercice 13 : **1.** ceux **2.** celui **3.** Celle **4.** celles

Exercice 14 : **1.** d **2.** f **3.** e **4.** b **5.** a **6.** c

Exercice 15 : **1.** enfin **2.** présent **3.** avant **4.** quelquefois **5.** veille **6.** tard

Exercice 16 : L'inspecteur se demande comment Benoît a pu laisser le feu détruire l'écurie.

Enlèvement dans la ville rose

Exercice 1 : **1.** treize **2.** dix-neuf **3.** vingt-sept **4.** soixante et onze **5.** quatre-vingt-huit **6.** cent quarante-six

Exercice 2 : **1.** commence **2.** s'appellent **3.** habitent **4.** fabriquent **5.** vendent **6.** est

Exercice 3 : **1.** chèvre **2.** concurrent **3.** boulangerie **4.** place **5.** particulier

Exercice 4 : **1.** richtig **2.** falsch **3.** richtig **4.** richtig **5.** falsch **6.** falsch

Exercice 5 : **1.** similaire **2.** interroger **3.** empreintes digitales **4.** pause-déjeuner **5.** cassoulet

Exercice 6 : **1.** est arrivé **2.** a diné **3.** a passé **4.** s'est passé

Exercice 7 : **1.** b **2.** a **3.** c **4.** a

Exercice 8 : **1.** plus tard **2.** le matin **3.** pendant **4.** avant

Exercice 9 : **1.** e **2.** f **3.** a **4.** b **5.** d **6.** c

Exercice 10 : **1.** avec **2.** en direction de **3.** en **4.** grâce à **5.** jusqu'à **6.** avec

Exercice 11 : **1.** inquiétude **2.** déception **3.** concentration **4.** émotion **5.** jeunesse **6.** tristesse **7.** intérêt **8.** vérité

Exercice 12 : **1.** être de mauvaise humeur **2.** être en colère **3.** soupirer **4.** être contrarié **5.** être stressé **6.** faire une crise de nerfs

Exercice 13 : **1.** plus **2.** immense **3.** dernier **4.** sale **5.** plein

Exercice 14 : **1.** pas **2.** rien **3.** ni **4.** ni **5.** aucun

Exercice 15 : **voiture :** le volant, le parking, la station-service, le permis de conduire, le conducteur ;
train : la voie, la gare, le contrôleur, le conducteur ;
avion : le vol, l'aéroport, l'hôtesse de l'air

Exercice 16 : **1.** curieux **2.** fiancé **3.** félicitations **4.** endetté **5.** délicieux

Abschlusstest

Exercice 1: **1.** surveillance **2.** rançon **3.** sauver **4.** victime **5.** stagiaire **6.** standardiste **7.** ennemi **8.** enquête **9.** curieux
Lösung: ravisseur

Exercice 2 : **1.** a **2.** b **3.** b **4.** a

Exercice 3 : ordinateur, téléphone, logiciel, message, crayon, installer

Exercice 4 : **1.** un galeriste **2.** un maître-chanteur **3.** une canne **4.** une gare routière

Exercice 5 : **1.** été, soleil, sécheresse, départs de feu
2. fraîcheur, pluie, éclairs, tonnerre

Exercice 6 : **1.** C'est la violette.
2. Le montant est d'un million d'euros.
3. C'est le jour de l'été et de la fête de la musique.
4. Angélique Mandez et son frère Jean-Louis.
5. Non, il est célibataire.

Exercice 7 : **1.** oreille **2.** cambrioleur **3.** coupable **4.** commandant

Exercice 8 : **1.** Au secours ! **2.** la faim **3.** les fiançailles **4.** la ceinture de sécurité **5.** le parking

Exercice 9 : **1.** b **2.** c **3.** c **4.** a **5.** b **6.** c

Exercice 10 : incendie, flamber, pompier, seau, écurie, brûler, exploser

Lösung: écurie

Exercice 11 :

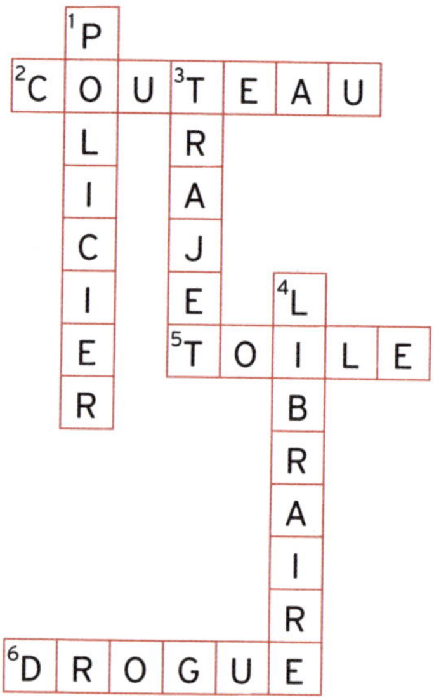

Glossar

ϟ = umgangsprachlich
f = feminin
m = maskulin
pl = Plural
irr = unregelmäßiges Verb

abriter *v*	*hier:* beherbergen; bergen
adjoint, -e *m/f*	Rechte Hand, Stellvertreter(in)
affaire *f* de passage	*hier:* Liebschaft, Liebelei
affirmativement	bejahend
affolé	überstürzt, erschrocken
agitation *f*	Unruhe
agriculteur, -trice *m/f*	Landwirt(in)
air *m* de famille	Familienähnlichkeit
à l'époque	damals
à part	außer
appartenir *v irr* à qn	jmd. gehören
apprenti, -e *m/f*	Lehrling
arroser *v*	begießen
assassin *m*	Mörder
assurance *f*	Versicherung
assureur *m*	Versicherungsmakler
à travers	durch, über
Au secours !	Hilfe!

autocar *m*	Reisebus
avec brio	mit Bravour
avis *m*	Meinung; Mitteilung
avoir *v irr* accès à qc	*hier:* zugreifen, auf etw. Zugriff haben
avoir *v irr* affaire à qn/qc	es mit jmd./etw. zu tun haben
avoir *v irr* la quarantaine	etwa vierzig Jahre alt sein
avoir *v irr* lieu	stattfinden
avouer *v*	zugeben
ϟ bof	na ja
bois *m*	Holz; Wäldchen
boiter *v*	hinken
bourg *m*	Marktflecken
bredouiller *v*	stammeln, murmeln
brique *f*	Backstein, Ziegelstein
brûler *v*	brennen
brun	braunhaarig, brünett
ϟ Ça va être ma fête !	Ich werde was erleben!
cacher *v*	verstecken
calcul *m*	Berechnung
camionnette *f*	Kleintransporter
canne *f*	Spazierstock
canon *m*	Gewehrlauf
capable	fähig
carrément	klar
cartouche *f*	*hier:* Patrone
casquette *f*	Schirmmütze
cassé	*hier:* kaputt
casse-croute *m*	Imbiss, belegtes Brot

casser *v*	zerstören, kaputtmachen
cavalier *m*	Reiter
caverneux	*hier:* sehr tief, klangvoll
céder *v*	nachgeben
ceinture *f* de sécurité	Sicherheitsgurt
C'est entendu !	Einverstanden!, Abgemacht!
⚡ C'est ma tournée.	Ich gebe einen aus.
champ *m* de vision	Sichtfeld
chantage *m*	Erpressung
Charolais	Charolais, aus der Gegend von Charolles im Burgund
chasseur *m*	Jäger
chauve	kahl
cheval *m*	Pferd
chèvre *f*	Ziege
clochard *m*	Stadtstreicher
cohue *f*	Menschenmenge, Gedränge
coller *v*	kleben
commander *v*	bestellen
comme si de rien n'était	als ob nichts gewesen wäre
commission *f* rogatoire	Rechtshilfeersuchen
complice *m/f*	Komplize, Komplizin
complice	*hier:* verständnisvoll
compter *v* parmi	gehören zu
⚡ con	*hier:* blöd
conclure *v irr*	abschließen
confiance *f*	Vertrauen
conseiller *v*	beraten
constater *v*	feststellen

contrarié	verstimmt, verdrossen
contribution *f*	Beitrag, Beteiligung
convoquer qn *v*	jmd. kommen lassen, einladen
couloir *m*	Gang
coup *m* de feu	Schuss
coupable *m/f*	Schuldige/-r
croquer *v*	abbeißen
cure *f*	Kur
curieusement	neugierig
curieux	neugierig
cyprès *m*	Zypresse
décéder	sterben
découper *v*	ausschneiden
déguisé	*hier:* inszeniert
démarrer *v*	starten, anmachen
déposition *f*	Aussage
dernier cri *m*	allerneueste Mode, topmodern, der letzte Schrei
déroulement *m*	Ablauf
désillusionné	enttäuscht
détruire *v irr*	zerstören
disponible	verfügbar
domicile *m*	Wohnsitz
doré	golden, vergoldet
éclair *m*	Blitz
éclaircir *v*	aufklären
écran *m*	Bildschirm
écurie *f*	Pferdestall

électroménager *m*	Elektrogerät, Haushaltsgerät
élémentaire	*hier:* selbstverständlich
élever *v*	*hier:* züchten
éleveur *m*	Züchter
éloigné	entfernt
emménager *v* ensemble	zusammenziehen
emplacement *m*	Standplatz
emploi *m* du temps	Tagesablauf
empreinte *f*	(Finger-)Abdruck
en bandoulière	umgehängt, über die Schulter gehängt
en espèces *f pl*	in bar
en garde *f* à vue	in Polizeigewahrsam
en particulier	im Besonderen
endetté	verschuldet
endroit *m*	Ort
enlèvement *m*	Entführung
ennemi, -e *m/f*	Feind(in)
enquêter *v*	ermitteln, untersuchen
enterrement *m*	Beerdigung
entouré	umgeben
entretien *m* d'embauche	Vorstellungsgespräch
entrouvert	halb offen
environ	ungefähr
époux, -se *m/f*	Ehegatte, Ehegattin
estimer *v*	schätzen
établissement *m* de grand standing	Restaurant/Hotel für höchste Ansprüche
éteindre *v irr*	löschen, ausmachen

étranger, -ère *m/f*	Fremde(r)
être *v irr* adossé	mit dem Rücken an der Wand lehnen
être *v irr* agité	beunruhigt sein
être *v irr* au courant de	über etw. Bescheid wissen
être *v irr* mal à l'aise	sich unwohl fühlen
être *v irr* originaire de	stammen aus
être *v irr* vêtu	angezogen sein
exposant, -e *m/f*	Aussteller(in)
face à face	gegenüber
faire *v irr* chanter	erpressen
faire *v irr* du porte à porte	von Haus zu Haus gehen
faire *v irr* le ménage	putzen
faire *v irr* le point	Bilanz ziehen
faire *v irr* plaisir	Freude machen
faire *v irr* un rapport	Bericht erstatten
faux et usage de faux	Fälschung und Gebrauch gefälschter Dokumente
fente *f*	Schlitz
ferroviaire	Bahn-, Zug-
feuille *f*	Blatt
fiançailles *f pl*	Verlobung
fiancé	verlobt
fiancé, -e *m/f*	Verlobte(r)
fier	*hier:* selbstbewusst
file *f*	Fahrspur
flamber *v*	flammen, lodern
foin *m*	Heu
↯ foncer *v*	rasen, flitzen

fouiller *v*	durchsuchen
foule *f*	Menschenmenge
fusil *m* de chasse	Jagdgewehr
gant *m*	Handschuh
gant *m* jetable	Einweghandschuh
garage *m*	*hier:* Kfz-Werkstatt
garde *m* forestier	Förster
gendre *m*	Schwiegersohn
glisser *v* dans qc	in etw. stecken, in etw. schieben
grâce à qn/qc	dank jmd./etw.
grandir *v*	wachsen
grille *f*	*hier:* Gitter
grisonnant	grau meliert
grommeler *v*	brummeln
gronder *v*	*hier:* schimpfen
gyrophare *m*	Blaulicht
haie *f*	Hecke
hall *m*	Eingangshalle/Eingangs-bereich
hameau *m*	Weiler
hauteur *f*	Höhe
hériter *v*	erben
hésitant	zögerlich, unentschlossen
hésiter *v*	zögern
hocher *v* la tête	mit dem Kopf nicken
hurler *v*	brüllen
immatriculer *v*	*hier:* anmelden, zulassen (Auto)
incendiaire *m*	Brandstifter

incendie *m*	Brand
inquiétude *f*	Unruhe, Sorge
interrogatoire *m*	Vernehmung
interroger *v*	befragen
intervenir *v*	eingreifen
intervention *f*	*hier:* Einsatz, Eingriff
jaloux	eifersüchtig
juge *m* d'instruction	Ermittlungsrichter
jurer *v*	schwören
jusqu'à nouvel ordre	bis auf Weiteres
klaxon *m*	Hupe
labo (laboratoire) *m*	Labor
lâcher *v*	loslassen
larme *f*	Träne
leurre *m*	Köder
licencier *v*	entlassen, kündigen
lillois	*hier:* von Lille
lisse	glatt, geglättet
lisser *v*	glattstreichen, glätten
logiciel *m*	Software
lourd	*hier:* schwül
lycée *m* agricole	Landwirtschaftsgymnasium
maire *m*	Bürgermeister
maître-chanteur *m*	Erpresser
malfaiteur *m*	Übeltäter
malicieux	schelmisch
marchandise *f*	Ware
mèche *f*	Haarsträhne
menace *f*	Bedrohung

menacer *v*	drohen
mépris *m*	Verachtung
mince	dünn, schlank
mobile *m*	Motiv
moqueur	spöttisch
moustache *f*	Schnurrbart
murmurer *v*	murmeln, flüstern
ne pas avoir *v irr* de quoi	keinerlei Grund haben
négliger *v*	vernachlässigen, versäumen
nez *m* en trompette	Himmelfahrtsnase, Stupsnase
notoire	notorisch
orage *m*	Gewitter
otage *m*	Geisel
par dépit	aus Verdruss
par hasard	zufällig
pâté *m*	Pastete
patron *m*	Chef
perquisition *f*	Hausdurchsuchung
personne *f* à tout faire	Alleskönner, Alleskönnerin
pianoter *v*	klimpern
pin *m*	Pinie, Kiefer
plaisanter *v*	scherzen
plaisanterie *f*	Scherz, Witz
plongé	*hier:* vertieft
pneu *m*	Autoreifen
poignarder *v*	erdolchen
poivre et sel	*hier:* grau meliert

poli	höflich
pommeau *m*	Knauf
portail *m*	Tor
posséder *v*	besitzen
poste *m*	*hier:* Stelle
poudre *f*	*hier:* Zündpulver
pourboire *m*	Trinkgeld
pousser *v* un soupir	seufzen
pré *m*	Weide, Wiese
prématurément	frühzeitig
prendre *v irr* congé	sich verabschieden
préoccuper *v*	beschäftigen
prévenir *v irr* qn	jmd. verständigen
procès-verbal *m*	Protokoll
promettre *v irr*	versprechen
puits *m*	Brunnen
quai *m*	*hier:* Uferstraße
quant à...	was … betrifft
querelle *f*	Streit, Zank
raide	steil
railleur	spöttisch
ralentir *v*	langsamer fahren
rançon *f*	Lösegeld
ravisseur *m*	Entführer
récapituler *v*	noch einmal kurz zusammenfassen
réconciliation *f*	Versöhnung
reflet *m*	Schimmer
refus *m*	Ablehnung

répliquer *v*	erwidern
repousser *v*	wegschieben
représentant, -e *m/f* de commerce	Handelsvertreter(in)
résoudre *v*	lösen
réussir *v*	gelingen, schaffen
réviser *v*	lernen, wiederholen
roman *m* policier	Kriminalroman
rompre *v irr* les fiançailles	die Verlobung auflösen
ronce *f*	Brombeerstrauch
rouquin *m*	Rothaariger
roux	rothaarig
rude	*hier:* hart
rustre	rüpelhaft
sac *m* poubelle	Müllsack
sacoche *f*	*hier:* Satteltasche
salle *f* de réunion	Versammlungsraum
sang *m*	Blut
s'appuyer *v* contre	sich lehnen an
saoul	betrunken
satisfait	zufrieden
sauter *v*	springen
SDF *m/f* (sans domicile fixe)	Obdachlose(r)
secouer *v*	schütteln
se diriger *v* vers qc	auf jmd./etw. zugehen
se laisser *v* faire	sich etw. gefallen lassen
se mettre *v irr* en sécurité	sich in Sicherheit bringen
s'enfuir *v irr*	davonlaufen
se réconcilier *v*	sich versöhnen

se redresser *v*	sich wieder aufrichten
se taire *v irr*	schweigen
siège *m*	Sitz
siège *m* conducteur	Fahrersitz
soigner *v*	pflegen
solennellement	feierlich, offiziell
soupirer *v*	seufzen
source *f*	Quelle
sourd	taub
soutenir *v irr*	unterstützen
stage *m*	Praktikum
stagiaire *m/f*	Referendar, Praktikant
standardiste *m/f*	Telefonist, Telefonistin
studio *m*	Einzimmerwohnung
supporter *v irr*	ertragen
surprendre *v irr* une conversation	eine Unterhaltung zufällig mithören
surveillance *f*	Überwachung
susceptible	empfindlich, launisch
suspect	verdächtig
suspect, -e *m/f*	Verdächtige(r)
taper *v*	klopfen, tippen
Tel père, tel fils.	Der Apfel fällt nicht weit vom Stamm.
témoin *m*	Zeuge
tendre *v* la main à qn	jmd. die Hand geben
tenir *v irr* qn au courant	jmd. auf dem Laufenden halten
terminus *m*	Endstation
timide	schüchtern

tirer *v*	*hier:* schießen
tôle *f* froissée	Blechschaden
tonnerre *m*	Donner
tourner *v* le dos à qn	jmd. den Rücken kehren, eine ungünstige Wendung nehmen
tousser *v*	husten
tout au fond *m*	ganz hinten
trace *f*	Spur
tracteur *m*	Traktor
trajet *m*	Strecke
transformer *v*	umbauen, umwandeln
transpirer *v*	schwitzen
trinquer *v* à qc	auf etw. anstoßen
tromper *v*	betrügen
truc *m*	Ding
turquoise	türkis
veille *f*	Vortag
vengeance *f*	Rache
venir *v irr* de faire qc	etw. gerade getan haben
vérité *f*	Wahrheit
vichyssois	aus Vichy
vigne *f*	Weinberg
violette *f*	Veilchen
vitre *f*	Scheibe
voiture *f* banalisée	Zivilstreifenwagen
volaille *f*	Geflügel
volontairement	freiwillig
VTT (Vélo *m* Tout Terrain)	Mountainbike
y aller *v irr*	weggehen

Verzeichnis der Übungen

Compact Lernkrimi Classic

Compact Lernkrimi Kurzkrimis

Compact Lernkrimi Lernthriller

	Compact Lernkrimi Classic	Compact Lernkrimi Kurzkrimis	Compact Lernkrimi Lernthriller
A1			
A2		**Meurtre au Moulin Rouge** ISBN 978-3-8174-7818-7 **Rendez-vous mortel** ISBN 978-3-8174-7735-7 **Voyage mortel** ISBN 978-3-8174-8545-1	
B1	**Der Schatz des Sonnenkönigs** ISBN 978-3-8174-7416-5 **Der Wein des Verderbens** ISBN 978-3-8174-7558-2 **Tod unterm Eiffelturm** ISBN 978-3-8174-7786-9 **Sammelband 3 in 1 (B1/B2)** **Inspecteur Cliquot ermittelt** ISBN 978-3-8174-7944-3	**Mort d'œuvre** ISBN 978-3-8174-7946-7	**Savoir tuer** ISBN 978-3-8174-8858-2
B2	**Alibi à la carte** ISBN 978-3-8174-7686-2 **L'eau de mort** ISBN 978-3-8174-8973-2 **Schatten über Montparnasse** ISBN 978-3-8174-7616-9 **Schüsse in Versailles** ISBN 978-3-8174-7617-6		
C1 / C2	**Crimes en Avignon** ISBN 978-3-8174-8542-0		

Compact Lernkrimi Rätselblock	Compact Lernkrimi Hörbuch	Compact Lernkrimi Audio-Learning	
			A1
Cliquot voit double ISBN 978-3-8174-9156-8	**Le suicide** ISBN 978-3-8174-8265-8		A2
Jeu sans règles ISBN 978-3-8174-8833-9	**Meurs, mon amour!** ISBN 978-3-8174-7745-6 **Vol vers la mort** ISBN 978-3-8174-9320-3	**Tod in Toulouse** ISBN 978-3-8174-7875-0	B1
			B2
			C1 / C2

Compact Lernkrimis auch in Englisch, Spanisch, Italienisch und Deutsch erhältlich.